중국어 교육의 중심
북경어언대가 제시하는

효과적인
중국어 교수법

중국어 교육의 중심, 북경어언대가 제시하는

효과적인 중국어 교수법

2012년 4월 25일 초판1쇄 발행
2014년 4월 20일 초판2쇄 발행

편저 | 이혜임
펴낸이 | 이찬규
펴낸곳 | 북코리아
등록번호 | 제03-01240호
주소 | 462-807 경기도 성남시 중원구 사기막골로 45번길 14
　　　 우림2차 A동 1007호
전화 | 02)704-7840
팩스 | 02)704-7848
이메일 | sunhaksa@korea.com
홈페이지 | www.북코리아.kr
ISBN | 978-89-6324-182-1 (93720)

값 18,000원

● 본 서의 무단 복제를 금하며, 잘못된 책은 구입처에서 바꾸어 드립니다.
● 이 도서의 국립중앙도서관 출판시도서목록(CIP)은 e-CIP홈페이지(http://www.nl.go.kr/ecip)와 국
　가자료공동목록시스템(http://www.nl.go.kr/kolisnet)에서 이용하실 수 있습니다.(CIP제어번호:
　CIP2011003847)

중국어 교육의 중심
북경어언대가 제시하는

효과적인 중국어 교수법

崔永华 · 杨寄洲 主編 | 이혜임 편저

북코리아

역자 서문

　이 책은 북경어언대학교의 崔永华 등의 교수진들이 지은 『한어 과당교학기교(汉语课堂教学技巧)』(北京语言大学出版社, 2002)을 우리말로 이해하기 쉽게 설명 및 보완한 것입니다. 필자는 지난 10여 년 간 중국어 교육 현장에서 축적한 지식과 경험을 바탕으로 국내 예비 중국어 교사들에게 가장 필요한 내용이라는 확신을 가지고 이 책을 우리말로 완성하게 되었습니다.

　이 책은 중국어 교수법 전반에 걸쳐서 기초적인 이론에서부터 실제 교육 현장에서 바로 활용할 수 있는 300여 가지의 효과적인 지도 방법에 이르기까지 체계적으로 이해하기 쉽게 소개하고 있습니다. 따라서 중국어 교육에 관심이 있는 대학생 및 대학원생, 현재 중국어를 가르치고 있으나 중국어 교수법에 관해서 보다 체계적으로 공부하고자 하는 교강사, 그리고 중국어 교사 임용 시험 합격을 목표로 공부하는 교사들에게 많은 도움이 되리라고 생각합니다.

　이 책은 중국어 각 영역의 교수 방법에 대해 기술하였는데, 중국어를 가르칠 때 교사의 역할에 대해 생각해 보거나 우리의 중국어 교육의 현실을 비판해 보게 함으로써 효과적인 교육 목표를 달성하기 위하여 장의 첫 부분은 생각해보기로 시작하였습니다. 그리고 장의 마지막 부분은 생각해보기에 대한 해답과 전체 내용을 간단히 정리하였습니다.

먼저 제1장 발음 교수법에서는 의사소통의 이해를 방해하는 요소가 아니라면 회화 연습 시 발음상의 오류는 일일이 지적하지 않는 것이 좋습니다. 언어는 도구로서 발음의 정확성보다는 유창한 회화 능력이라는 의미에서 발음의 유창성을 강조해야 하므로 교사들로 하여금 이에 대해 생각해 볼 수 있게 하였습니다.

제2장 어휘 교수법에서는 외국어 학습에 있어서 어휘 축적이 중요하기 때문에 학생의 언어 실력을 향상시키기 위해서는 우선 단어를 기억하고 공고히 하도록 도와주어야 합니다. 이를 위해 여러 가지 효과적인 어휘 교수 방법들을 제시하였는데, 단순 암기식의 기계적 학습에서 끝나지 않고 정서적 유대감과 중국어 의사소통 능력을 함께 발달시키는 유의적 연습으로 이어져야 한다고 강조하였습니다.

제3장 말하기 교수법에서는 학습자에게 말할 기회를 최대한 활용하기 위한 다양한 집단 활동들을 제시하였습니다. 필자는 본 서의 집필 과정에서 말하기 교수법을 문법 교수법보다 앞에 두었는데, 그 이유는 중국어 문법은 영어 문법에 비해 그리 복잡하지 않고 문장형식에 초점을 두는 문법 규칙보다 자연스러운 말하기 능력 배양이 우선시 되어야 한다는 생각에서입니다. 특히 학생이 문법 설명에 압도되기 전에 언어에 대한 의사소통적 감각을 가질 수 있고 내적 동기를 더 많이 부여해 주는 방법을 권장합니다.

이어서 제4장 문법 교수법에서는 외국어 학습에 있어서 언어 실력을 향상시키기 위해서는 연습이 큰 비중을 차지하기 때문에 여러 가지 문형 연습에 익숙해질 필요가 있으나 기계적인 연습에서 끝나지 않고 실질적인 의사소통적 연습으로 이어져야 합니다. 무엇보다도 회화 속에서 문법 규칙을 흥미 있게 설명하는 것이 중요합니다.

제5장 듣기 교수법에서는 학습자가 잘 들을 수 있도록 수업시간에 듣는 기회를 가능한 한 많이 제공해 주어야 합니다. 내용을 쉽게 이해할 수 있도록 실제적이고 친근한 주제들을 선정해야 함을 강조함으로써 듣기 지도 시 유의해야 할 사항들을 지적하였습니다.

제6장 한자 교수법에서는 초급 수준의 학습자가 중국어의 서면 형식인 한자를 인지하고 기억하여 쓰는 것은 어려운 일입니다. 한자의 원리를 사용하여 생동적이고 직관적이며 논리적으로 교육시키는 좋은 방법들이 끊임없이 고안되어야 하는데 교사들로 하여금 이 점에 대해 생각해 보도록 하였습니다.

계속해서 제7장 읽기 교수법에서는 단어 하나하나의 의미를 해석해 주는 것 보다 내용의 전반적인 이해에 초점을 맞추도록 지도해야 합니다. 읽기를 어휘 용법이나 문법구조를 학습하기 위한 수단으로 간주하지 말고 자료에서 얻은 정보를 이용하여 의사소통을 하는데 활용할 수 있도록 효과적인 읽기 교수법을 소개하였습니다.

마지막 제8장 쓰기 교수법에서는 진정한 쓰기의 발달 과정에서 볼 때, 기초 단계에서는 언어의 정확성에 초점이 맞추어져야 하고 점차적으로 상황에 맞게 자신의 의사를 전달할 수 있는 논리적 사고를 통한 글쓰기 연습에 비중을 두어야 합니다. 중국어 작문을 잘하기 위해서는 중국어로 사고하는 습관이 필요함을 지적하였습니다.

이 책으로 중국어 교수법의 기초를 공부한 분들은 가능하면 본서의 참고 문헌에 제시되어 있는 전문 서적과 연구 논문을 통해서 중국어 교육의 각 분야에 대해 보다 폭넓게 공부할 것을 권장하고 싶습니다. 그것은 중국어 교사로서 높은 수준의 말하기, 듣기, 읽기, 쓰기 능력뿐만 아니라 중국어 교육 및 중국 문화에 관한 이론과 지식을 체계적으로 갖춤으로써 유능하고 창의적인 중국어 교육 전문가로 성장할 수 있는 까닭입니다.

그러나 무엇보다 중요한 것은 능력있는 교사가 학생들에게 얼마나 좋은 내용으로 보다 많은 것을 가르쳤느냐에 있는 것이 아니라, 학생들이 수업 중에 얼마나 많은 부분을 이해했고 자기 것으로 만들어 가치 있는 새로운 것을 창출해 낼 수 있게 되었는가에 있습니다. 또한 교사와 학생이 서로 협력하여 모든 학생들이 자신의 능력을 발전시키고 인격적으로 성숙해 갈 수 있도록 돕는 것이 바로 교사로서의 역할일 것입니다.

끝으로 이 책이 나오기까지 실질적으로 큰 도움을 주신 북코리아 이찬규 사장님과 국내 독자를 위해서 이 책의 출판을 흔쾌히 허락해 주신 북경어언대 교수진들께 감사드립니다. 그리고 집필 과정에서 다양하고 참신한 아이디어를 제공해 준 일성여고 이영아 선생님께도 고마움을 전합니다. 또한 학문적로나 인격적으로 늘 격려와 도움을 주시는 고려대 백영길 교수님, 한국외대 강계철 명예교수님, 연세대 김선자 교수님, 경희대 박정원 교수님, 북경어언대 張旺熹 교수님, 남경대 王继志 명예교수님 등을 비롯한 많은 은사님들, 상명대 정유선 교수님 등 선배 동료 교수님들께 사의를 표합니다. 마지막으로 언제나 곁에서 큰 힘이 되어 주는 나의 가족에게도 감사합니다.

2012년 2월

정동 연구실에서
이 혜 임

차 례

제6장 한자 교수법 • 203

표 · 그림 목차

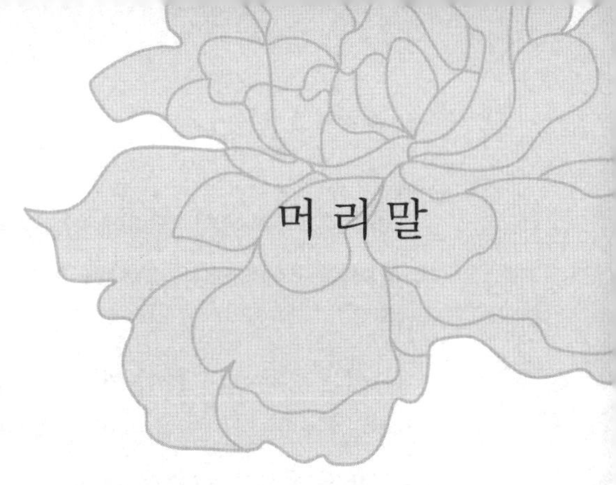

머 리 말

1. 교실 중국어 교수법이란?

　본 서는 제2언어로서의 중국어 교수법에 대해 소개하고 있다. 중국어 교수법은 두 가지의 교실 활동을 포함한다. 하나는 학생으로 하여금 배울 언어 항목을 이해하고 터득하도록 하기 위해 실물이나 사진으로 새 단어를 설명하는 방법이다. 다른 하나는 배울 언어 항목을 이해하고 언어능력을 향상시키기 위해 교사의 지도하에 진행되는 방식으로 단어 교체 연습을 통해 새로 배울 문법 항목을 터득시키는 방법이다. 전자는 교사가 중심이 되고, 후자는 교사의 지도하에 있는 학생이 중심이 되어 교실 활동이 진행된다.

　최근 몇 년간 중국에서는 제2언어로서의 중국어 교수법에 대해 여러 가지 새로운 해석과 토론이 진행되어 왔다. 하지만 결론적으로 살펴보면 경험에 근거한 교수 방법은 비교적 많이 소개되어 왔지만, 전면적이고 체계적인 이론적 주장과 정리는 여전히 부족하였다. 교수법에 대한 이론적 토론이 적은 이유는 다양하겠지만, 그 중 한 가지 중요한 사실은 아직 적당한 시기가 아니거나 이 분야에 대한 경험 미숙으로 보고 있다. 더불어 교수법 연구에 제공되는 데이터가 부족한 나머지 관련 분야에 대한 이론적 주장을 뒷받침하기가 어려운 것도 사실이다. 하지만 다른 측면에서 볼 때 중국에서의 제2언어로서의 중국어 교육 역사는 40여 년에 걸쳐 지금에 이르렀으며, 현장 경험이나 실제 아이디어, 그리고 교육 자료는 상당한 수준에 도달했다고 본다. 그동안의 지식과 경험, 자료와 실례를 수집하고 정리하는 것이 바로 교수법 이론을 확립하기 위한 준비 단계이자 본 서를 집필하게 된 동기이기도 하다. 본 서는 중국어를 효과적으로 지도하는 방법을 이론에서 실제에 이르기까지 제시하고 있다. 따라서 제2언어로서의 중국어 교육에 종사하는 분들에게 좋은 지침서가 될 수 있기를 바란다.

본 서는 중국 교수들이 대학에서 실제 사용했던 지도 방법이나 더 추가되어야 할 참신한 교수 방법 등을 최대한 많이 수록하였다. 여기에는 다른 교과목의 교수 방법을 롤 모델로 삼은 것도 있다. 물론 교실 중국어 교수법은 본 서에 수록된 것 이상으로 앞으로 훨씬 많이 개발되어야 할 것이며 이에 대해 독자들이 훌륭한 고견을 주시기를 바란다.

2. 교실 교육과정과 교수 방법

교실에서의 교수 방법은 제2언어 교수법에 있어서 중요한 구성 성분이다. 교수법을 이론과 실제의 측면에서 설명하기 위하여 그와 관련된 교실에서의 교육과정에 대해 간단하게 소개할 필요가 있다. 崔永华는 교실 교육과정을 학습 단원, 학습 부분, 학습 단계, 학습 활동으로 나누었다.

첫째, 학습 단원(敎学単元)

학습 단원은 교재의 교학 순서에 따라 구분한 교육과정이다. 학습 단원은 내용상으로는 흔히 교학 개요의 여러 항목을 포함하고 형식상으로는 책의 모든 교육과정을 나타내며 시간상으로는 한 시간 수업일 수도 있고, 더 긴 시간의 수업일 수도 있다.

둘째, 학습 부분(敎学环节)

학습 단원은 학습 부분으로 구성된다. 다시 말해 학습 단원은 교실에서 특정 시간에 사용하는 언어 항목의 종류에 따라 몇 개의 학습 부분으로 나눌 수 있다. 학습 부분은 학습 단원에서 계획된 교육 목적을 실천하기 위한 것이다. 예를 들면 정독 수업을 다음과 같은 학습 부분으로 나눌 수 있다.

- 복습 · 예습 검토
- 새 단어 제시
- 새 문법 항목 제시
- 본문 제시
- 종합 토론
- 과제 부여

셋째, 학습 단계(教学步骤)

학습 부분은 언어 항목의 사용 방식에 따라 몇 개의 학습 단계로 나뉘어 진다. 예를 들어 정독 수업의 '문법 항목 제시'라는 학습 부분은 흔히 다음의 4가지 학습 단계로 나눌 수 있다.

- 문법 제시
- 문법 설명
- 문법 연습
- 문법 정리

넷째, 학습 활동(教学行为)

학습 단계는 동일한 목적에 도달하기 위한 여러 가지 학습활동으로 구성된다. 예를 들면 문법 항목 연습은 '따라 읽기', '교체 연습', '교사와 학생 간의 문답', '학생 간의 문답' 등의 학습활동으로 완성된다. 새 단어 제시는 '받아쓰기', '수정하기', '따라 읽기', '그림제시', '문장구성' 등의 학습활동을 통해 완성될 것이다. 이 두 가지 학습활동 모두 공통적인 교육 목적을 지니고 있다. 모든 학습 단원, 학습 부분, 학습 단계는 교실 교육의 가장 기본 단위인 학습활동을 통해 완성된다.

다음은 쓰기 수업의 실용문 연습을 예로 들어 교실에서의 학습 과정을 설명한 것이다.

표 1 ▎ 쓰기 수업의 실용문 학습 과정

학습 단원	학습 부분	학습 단계	학습 활동
논설문 쓰기	모범 문장 제시	모범문장 읽기	묵독
			학생 질문(모르는 문제)
		모범문장 분석	교사 질문(형식, 문단 구조 등)
			빈칸 채우기 연습(범위 동일)
	작문	내용 확정	작문 제목 제시
			교사 질문(작문 내용)
			학생 예문 제시(작문 제목과 연관된 세부사항)
		요약문 나열	토론을 통한 예문 분류
			글의 구성 확정
			요약문 나열
		작문	작문
	평가 및 교정	교사 체크	
		오답	
		학생 수정	
		교사 재 교정	
		보편적 문제 지적	

상기 사항에 대한 구체적인 예는 본 서 '제8장 쓰기 교수법'을 참조하기 바란다.

위와 같은 교실 수업 과정에 관한 분석을 살펴보면 학생을 가르칠 때 교수법이 학생을 가르칠 때 상당히 중요한 역할을 한다는 것을 알 수 있다. 교수법은 교육의 구성 요소 중 '학습활동'에 속하며 교사와 학생 간의 구체적인 교실 활동으로 볼 수 있다. 교수법은 교실 교육의 기본요소이며, 교실 교육은 교수법으로 완성된다. 어떤 교육이든 교수법을 사용하며 교수법이 없으면 교실 교육도 사라진다. 따라서 언어 교육을 일종의 과학이자 예술로 본다면, 결국 이 과학과 예술의 성패는 교사가 어떠한 학습활동을 선택하고 계획하며 진행하는가에 달려있다.

3. 교실 중국어 교수법의 특징

제2언어 교육의 측면에서 살펴볼 때, 중국어의 중요 특징은 성조, 한자, 그리고 무형태의 상징이라는 점이다. 중국어의 이러한 특징은 중국어 학습자의 모국어에서 결코 찾아볼 수 없는 것이다. 이는 중국어 학습자가 중국어를 배우는 모든 과정 속에서 크게 영향을 받는 요소들이다. 다시 말해 언어 항목(발음, 어휘, 문법, 한자)에 관한 학습뿐만 아니라 언어기능(듣기, 말하기, 읽기, 쓰기)에 관한 향상에 있어서도 모두 이 3가지 특징의 제약을 받을 것이다. 이러한 특징을 통해 제2언어로서의 중국어 교육과정이 다른 언어의 교육과정과 다르다는 것을 알 수 있다. 그 차이점은 다음과 같다.

첫째, 중국어의 성조와 한자에 중점을 두어 가르치는 방법들을 개발하였다.

둘째, 중국어의 무형태성이 다른 언어 교육과는 구별되는 중국어 문법 교육의 특징을 만들었다.

다시 말해 중국어는 문장 구성 방식을 위주로 가르치기 때문에 중국어 문법 교육에서 문형 교육 방법은 매우 중요한 위치를 차지한다. 가령, '被'

자문, '把'자문, 비교문, 존현문 등이 그 좋은 예이다. 즉, 형태론(품사론) 교육은 그다지 중요하지 않기 때문에 중국어 교재에서도 거의 언급되지 않고 있다.

셋째, 교육 구성의 변화를 가져왔다.

예를 들면 조어법은 인도유럽어에서는 문법교육의 범주에 해당되지만, 중국어에서는 어휘교육의 범주에서 가르칠 때 더 효과적이다. 중국어의 단어 조합 특징, 합성어의 가독성, 그리고 통제된 조합 방법은 중국어 어휘교육을 더 편리하고 효과적으로 만들었다.

넷째, 일부 지도법은 사용 범주와 역할이 다르다.

예를 들어 받아쓰기는 다른 언어의 교육과정에서도 많이 사용되지만, 중국어 교육과정에서 가장 많이 사용되며, 그 사용 범주 또한 훨씬 광범위하다. 그 이유는 한자를 가르치기가 어렵기 때문이다. 정독 수업에서 발음, 어휘, 문법, 한자를 가르칠 때뿐만 아니라, 듣기 수업이나 작문 수업에서도 활용될 수 있다.

그동안 수집해온 300여 가지의 교수 방법은, 곧 중국의 중국어 교사가 중국어 교육의 이러한 특징에 초점을 맞추어 다양한 중국어 교수법을 개발해왔다는 것을 말해준다. 이러한 교수법을 이론적으로 정리함으로써 교실 중국어 교수법의 특징을 이해할 수 있는 것이다.

4. 교수법의 분류

교수법은 그 수가 무궁무진하다. 교육연구와 교수법의 발전, 그리고 교육 경험의 축적과 더불어 끊임없이 새로운 교수법을 개발해 낼 수 있었다. 교수법의 계속적인 연구와 교실에서의 실제 활용을 위하여 이론적으로 정리할 필요가 있으며 이러한 종합적인 정리의 첫 시작이 바로 교수법을 분류하는 것이다. 교수법을 분류하려면 어느 정도 범위가 필요한데, 그 범위는 중국어 교육의 현재 상황을 기준으로 삼았다. 현재 중국어 교육에는 3가지 유형이 있다.

첫째, 언어 항목에 따라 수업을 계획한다.

이런 교육 유형은 발음, 어휘, 문법, 한자를 가르치는 것을 중심으로 하는 정독 수업에서 진행된다. 또한 언어 항목을 가르칠 때 언어의 활용 능력을 배양시키는데, 이는 초급 수준에서 많이 사용되는 유형이다.

둘째, 언어 기능에 따라 수업을 계획한다.

다시 말해 듣기 수업, 말하기 수업, 읽기 수업과 쓰기 수업 이렇게 크게 4가지로 나뉘며 각각 듣기, 말하기, 읽기, 쓰기 능력을 배양시킨다. 학생의 학습 목적에 따라 더 높은 단계로 나누기도 한다. 예를 들면 회화 수업을 생활 회화, 무역 회화, 여행 회화, 통번역 회화 등으로 나눌 수 있으며, 이 유형은 중·고급 수준에서 흔히 사용된다.

셋째, 앞의 두 가지 유형을 통합시킨 것으로, 현재 이미 보편화된 수업 방식이다.

즉 발음, 어휘, 문법, 한자의 교육을 중심으로 하는 정독 수업을 계획하면서 동시에 한 가지 기능의 배양을 목적으로 하는 듣기 수업, 말하기 수업, 읽기 수업, 쓰기 수업을 계획하는 방식이다.

본 서는 내용의 포괄성과 실용성을 높이기 위하여 세 번째 수업 방식을 선택하였다. 다시 말해 그동안 수집해 온 300여 가지의 지도 방법들을 다음의 8가지 교수법으로 나누기로 하였다.

- 발음 교수법
- 어휘 교수법
- 문법 교수법
- 한자 교수법
- 듣기 교수법
- 회화 교수법
- 읽기 교수법
- 쓰기 교수법

그리하여 지금의 교실 교수법의 모든 유형을 포괄할 수 있었지만, 또 다른 문제에 직면하게 되었다. 그것은 세 번째 수업 방식이 앞의 두 가지 방식을 통합시킨 것이었기 때문에 학생들을 가르칠 때 여러 가지 중복되는 부분이 많다는 점이었다. 이러한 중복을 피하기 위하여 집필 과정에서 중복되는 요소들은 생략하였고 일부는 참조 사항으로 대체하였다.

본 서에서 제시된 8가지 교수법은 실제 활용에 따라 더욱 세분화시킬 수 있다. 보다 세분화된 분류는 다음의 원칙을 따랐다. 언어 항목(앞의 4가지, 즉 발음, 어휘, 문법, 한자)의 교수법을 교육의 일반 순서에 따라 다시 분류할 경우 가령, 문법 교수법은 문법 제시, 문법 설명, 문형 연습, 문법 정리로 나눌 수 있다. 언어 기능(뒤의 4가지, 즉 듣기, 말하기, 읽기, 쓰기)의 배양에 대한 교수법은 기능 훈련의 단계에 따라 쉬운 방법에서 어려운 방법으로 진행된다. 예를 들면 듣기 교수법을 문장 듣기 지도, 대화 듣기 지도, 단문 듣기 지도, 영상 자료와 실제 언어 자료 활용으로 세분화할 수 있다.

5. 교수법의 선택과 사용

본 서는 300여 가지의 교수법에 대해 소개하고 있지만 실제 존재하는 교수 항목은 본 서가 수집한 양을 훨씬 초과할 것이다. 이는 모든 수업의 교육 과정에는 늘 선택 가능한 또 다른 좋은 교수법이 있다는 것을 의미한다. 그렇다면 실제 교실에서 가르칠 때 어떠한 원칙에 따라 교수법을 선택해야 할까? 교사는 다음 몇 가지 사항에 유의할 필요가 있다.

첫째, 교육 목적에 따라 교수법을 선택한다.

읽기 수업은 주로 빠른 속도로 읽고 이해하는 능력을 배양하는 데 목적이 있다. 따라서 읽기 수업은 정독 수업에서의 '낭독'보다 '묵독', '훑어 읽기' 등의 수업 방법을 선택하는 것이 더 효과적이다. 또한 정독 수업은 받아쓰기를 통해 단어를 가르치지만, 읽기 수업과 말하기 수업은 이러한 학습활동을 사용하지 않는 것이 바람직하다.

둘째, 교사의 명확한 지도 목적이 요구된다.

교사들이 교실에서 흔히 사용하는 수업 방법은 '따라 읽기(领读)'이다. 하지만 따라 읽기는 다른 목적으로도 사용할 수 있다. 학생으로 하여금 중국어 문형에 익숙하게 하거나 학생의 잘못된 발음을 교정하는 데 사용할 수 있다. 그리고 본문 내용을 기억하게 해주어 이후에 진행될 학습에도 도움을 준다. 교사는 이 방법을 사용할 경우 그 목적이 무엇인지를 명확히 알아야 한다. 문형을 익히기 위한 것이 목적이라면 읽기 속도를 계속 높여 주어야 하고, 학생의 잘못된 발음을 교정하기 위한 것이라면 학생이 틀리기 쉬운 부분을 강조해서 읽을 필요가 있다. 본문 내용을 오래 기억하기 위한 것이라면 필수 단어를 판서해야 할 것이다. 또한 쓰기 수업은 주로 요약하기, 수정하기, 확장하기 등의 지도 방법을 사용한다. 이

들은 모두 중국어 쓰기 능력을 배양시키는 방법이지만, 일부 쓰기 수업에서 교사들의 지도 목적이 명확하지 않을 때도 있다.

교사는 명확한 목적의식을 갖고 지도 방법을 선택해 가르쳐야 하며, 또한 학생에게 이러한 연습 목적을 제대로 알려주어야 한다. 더 나아가 그 학습 목적은 보다 구체적이어야 한다. 예를 들어 논설문의 구성을 배우기 위한 것인지 아니면 서술문의 표현 방식의 순서를 배우기 위한 것인지를 구체적으로 알려주어야 한다. 그저 추상적으로 학생의 작문 실력을 높이기 위한 것이라고 말하는 것은 바람직하지 않다. 쓰기 수업에서 요약하기, 수정하기, 확장하기를 지도할 때 교사가 구체적인 배경과 주제를 제시하여 학생으로 하여금 오랫동안 어떤 내용을 쓸 것인지에 대해 고민하지 않게 한다. 학생들 각자 계획한 목적에 따라 연습할 수 있도록 시간을 적절히 활용해야 한다. 또한 중국어 쓰기 수업의 목적은 문체, 구성, 형식, 특정 단어, 문장부호 등을 가르치는 것에 있기 때문에 지나치게 내용의 참신함을 강조하는 것은 바람직하지 않다. 이 점은 특히 초·중급 단계에서 유의해야 한다.

셋째, 의사소통(交际) 중심 교수법을 우선적으로 선택한다.

새 단어를 설명할 때 '그림'보다 '도구'를, '도구'보다 '실물'을 먼저 사용해야 한다. 실물의 이름을 말하는 것이 그림 속 물건의 이름을 말하는 것보다 교류성이 훨씬 강하기 때문이다. 특히 교실 수업에서는 내용의 사실성에 근거하여 묻고 답하는 것을 중시한다. 예를 들어 문법을 설명할 경우 '질문'이나 '대화' 등의 서로 소통할 수 있는 방법을 우선적으로 선택해야 한다. 말하기 수업에서도 적절하게 실질적인 의사소통 연습을 진행한다. 설령 쓰기 수업에서 문답 방식으로 작문의 소제와 사고의 방향을 제시하더라도 이 방법은 우선적으로 권장할 만하다. 의사소통 중심 교수법은 언어 학습과 언어 활용과의 거리를 단축시켜 줄 뿐만 아니라 학생이 학습한 언어 항목이 실제 사용으로 이어질 수 있어서 언어교육에 효과적이다.

넷째, 시간이 절약되는 교수법을 우선적으로 선택한다.

　수업시간은 매우 소중하기 때문에 교수법을 활용하는 과정 속에서 가능한 한 수업시간을 효율적으로 안배해야 한다. 직관적이고 이해하기 쉬운 설명 방법을 선택하여 최대한 시간을 절약함으로써 학생들로 하여금 반복 연습을 통해 배울 항목과 기능을 익히도록 한다. 실물과 도구를 활용하여 어휘를 설명하거나 플래쉬 카드를 활용한 어휘 제시 등도 시간을 절약할 수 있는 방법이다. 예를 들어 어휘 교체 연습을 할 경우 교사는 가능한 한 어휘를 많이 제시하지 말고 빠른 속도로 진행해야 한다. 교사가 학생의 이름을 일일이 호명하는 것보다 학생으로 하여금 교사를 보게 하거나 교사가 손짓이나 눈빛으로 지정해야 한다. 또한 문형 교체 연습을 할 경우 교사는 제시어 이를 테면 긍정문, 부정문, '被'자문, '把'자문, 기타 키워드 등을 판서하고, 그 제시어들을 교사가 짚어가며 문장 바꾸기 연습을 지도한다.

제 **1** 장
발음 교수법

제1장 발음 교수법

중국어 학습 가운데 첫 번째 단계인 발음 학습은 학습자가 중국어를 익히는 데 가장 큰 영향을 미치는 단계이다. 한 언어를 습득할 때 발음의 정확성은 학습 성패를 좌우하는 중요한 요소로 학생의 외국어 실력을 말해주는 '얼굴'이기도 하다. 이 단계에서 학습자가 정확한 발음을 제대로 익히지 못한다면 시간이 지난 뒤에도 발음 교정이 어렵게 된다. 중국어 학습의 첫 번째 단계인 발음 지도가 적절하다면 학생이 발음을 습득하는 데 어려움을 크게 줄일 수 있고, 이후 중국어 학습에 대한 흥미를 증가시킬 수 있다. 그러나 발음 지도가 적절하지 않다면 발음 습득의 어려움이 커짐으로써 중국어 학습에 대한 흥미를 잃게 된다. 성인 학습자가 중국어 발음을 제대로 익힌다는 것은 결코 쉬운 일이 아니다. 가장 큰 이유는 이미 모국어의 발음 습관이 형성되어 있기 때문이다. 특히 중국어에는 성인 학습자를 곤혹스럽게 만드는 특수한 발음과 성조가 있어서 발음 지도 시

적절한 방법을 사용하여 학습자가 발음을 학습하는 데 겪는 어려움을 극복하도록 해야 한다. 다시 말해 시작을 잘할 수 있도록 도와주어야 한다는 뜻이다.

발음 지도 단계는 매우 짧기 때문에 중국어 발음과 관련된 모든 문제를 한꺼번에 해결하겠다고 생각해서는 안된다. 이 단계에서는 재미있고 다양한 수업 방법을 사용하여 학생의 중국어 발음에 대한 흥미를 높여줌으로써 힘겹고 지루한 수업이 되지 않도록 해야 한다. 본 장에서는 발음 교수법을 발음 제시 방법, 발음 지도 방법, 실제 발음 지도, 발음 교정 등으로 나누어 이들 각각의 단계에서 사용될 수 있는 구체적인 지도 방법들을 살펴보고자 한다.

1. 발음 제시 방법

발음 제시는 학습할 발음 항목인 성모, 운모, 성조, 음절, 어구 등을 다양한 방식으로 소개하여 이해시켜 주는 것이다. 여기서는 성모, 운모, 성조를 제시하는 방법을 주로 소개하기로 한다.

1) 성모와 운모 제시

(1) 도표

발음 수업 전에 미리 교실 벽에 성모표, 운모표, 성조표시도, 한어병음표 등을 붙여 놓는다. 도표 역시 일종의 제시이긴 하지만 이는 정지된 형태인 것으로 학생이 발음을 학습하기 전에는 이런 도표들은 거의 아무런 효과를 내지 못한다. 때문에 보다 역동적인 형태의 제시가 필요하다. 다시 말해, 교사가 수업 중에 학습 진도에 따라 하나씩 보여주어야 한다. 성모를 설명할 때는 성모표를, 운모를 설명할 때는 운모표를 걸어놓는 것이 좋다.

(2) 판서

　많은 교사들이 자주 사용하는 동적인 제시 방법으로 제1과에서 단운모를 가르친다면 교학 순서에 따라 칠판에 'a o e i u ü'를 가로로 쓰는 것이다. 이 여섯 개의 단운모를 모두 가르쳤다면 다시 칠판에 'b p m f d t n l' 여덟 개의 성모를 세로로 쓴다. 성모와 운모를 합쳐서 읽는 단계에 들어가면 교사는 음절을 판서한다. 가령, b-a를 합쳐 읽을 때 ba라고 쓴다. 성조 학습 단계로 들어가면 칠판에 성조 도표를 그린다. 판서를 할 때 주의할 점은 운모의 직관적인 형상을 제시해야 한다. a o e를 a o e로 좀 더 크게 써서, 학생에게 이들 발음의 입 모양과 크기가 다르다는 것을 인식시켜 주어 중국어 발음을 정확하게 터득하고 모방할 수 있도록 한다.

(3) 발음 시범 보여주기

　학생이 중국어 발음을 귀로 느낄 수 있도록 하는 연습이다. 발음 시범은 반드시 정확하게 진행되어 모든 학생이 제대로 분명히 들을 수 있게 해야 한다. 초기 학습 단계에서는 발음은 좀 더 크고 길게, 성조는 음폭을 크게 두고 과장되게 연습시킨다.

(4) 입모양 보여주기

　중국어 발음의 정확한 입모양을 보여주어 발음을 요령 있게 습득할 수 있게 한다. 교사는 먼저 손가락으로 눈을 가리키며 보라고 지시한 후, 다시 교사의 입을 가리켜서 입이 벌어지는 정도, 입모양을 둥글게 만들기, 입술을 양 옆으로 당기기, 입술을 내밀기 등의 입모양의 움직임을 보여준다.

(5) 발음 부위도 제시하기

발음 부위도를 이용하여 중국어 발음법을 학습시킨다. 이러한 발음 부위도는 대부분의 중국어 교재에 실려 있다. 이를 보여줄 때 학생의 입술 모양, 치아 및 혀의 위치와 함께 학생이 중국어 발음 부위를 익히고 입모양, 혀의 위치 등을 정확하게 배울 수 있도록 한다.

(6) 두 손으로 발음 기관을 만들어 제시하기

손으로 구강과 혀를 묘사하여 학생이 중국의 발음 기관의 정확한 위치를 알 수 있게 한다. 혀의 위치를 보여주는 것은 입모양을 보여주는 것보다 어렵다. 중국어 발음이란 입모양, 혀의 위치, 혀와 치아의 마찰 등이 함께 이루어지면서 만들어지는 것이다. 입모양이 크게 벌어지는 a o e 와 같은 몇몇 발음 이외에는 혀의 위치를 학생에게 육안으로 보여줄 수 있는 방법은 많지 않다.(현대화된 멀티미디어 매체는 예외로 한다.) 때문에 혀의 위치를 보여주는 수업 방법은 상당히 중요한 셈이다. 이를 테면 권설음(卷舌音)을 가르칠 때, 왼쪽 손바닥을 아래로 향하게 하고 네 손가락을 모아서 약간 구부린다. 오른쪽 손바닥은 위를 향하게 하고 손가락을 꺾어 구부린다. 파찰음(塞擦音) zh, ch 을 발음할 때에는 오른손 손가락을 구부려 왼손의 두 번째 관절에 맞댄 다음 다시 뗀다. 마찰음(擦音) sh 을 발음할 때에는 오른손을 구부려 왼손의 두 번째 관절에 가까이 가져가되 닿지는 않게 한다.

설면음(舌面音)을 가르칠 때는 왼쪽 손바닥을 아래로 향하게 하고 네 손가락을 모아 약간 구부린다. 오른쪽 손바닥은 위로 향하게 하고 손가락은 쭉 편다. 파찰음 j, q 을 발음할 때에는 오른손 손가락 첫 번째 관절의 손가락 면을 왼손 두 번째 관절에 맞댔다가 뗀다. 마찰음 x 을 발음할 때는 오른손 첫 번째 관절의 손가락 면을 왼손 두 번째 관절에 가까이 가져가되 닿지는 않게 한다. 이처럼 왼손과 오른손을 함께 사용하여 거의 대부분의 설치음(舌齒音) 발음부위 및 혀와 치아의 움직임을 보여줄 수 있다. 이런 직관적인 지도 방법은 중국어 발음을 쉽게 터득하게 한다. 주의할 점은 이러한 신호 체계를 만들 때 학생으로 하여금 먼저 발음 부위를 보게 한다. 그리하여 교사의 손동작이 무엇을 뜻하는지 알게 하여 더욱 빠르게 반응하도록 한다.

2) 성조 제시

중국어의 중요한 특징인 성조는 학생이 중국어를 배우는 데 가장 어려워하는 부분이다. 성조 표시도를 보여주고 시범을 보이는 방법으로는 다음과 같이 몇 단계가 있다.

(1) 발음 시범 보여주기

정확한 발음을 통해 성조의 소리를 학생이 귀로 느낄 수 있게 한다. 처음에는 성조를 발화할 때 적당히 길게 늘여서 발음해 주고, 음의 높낮이(음폭) 변화를 크게 주어 학생으로 하여금 4성에 대한 강한 인상을 심어준다.

(2) 5도 성조 표시도

5도 성조 표시도는 학생에게 성조에 대해 시각적으로 강한 인상을 남겨주어 음의 높낮이 변화 과정을 직관적으로 느끼고 이해할 수 있게 한다.

그림 1 ▎ 5도 성조 표시도

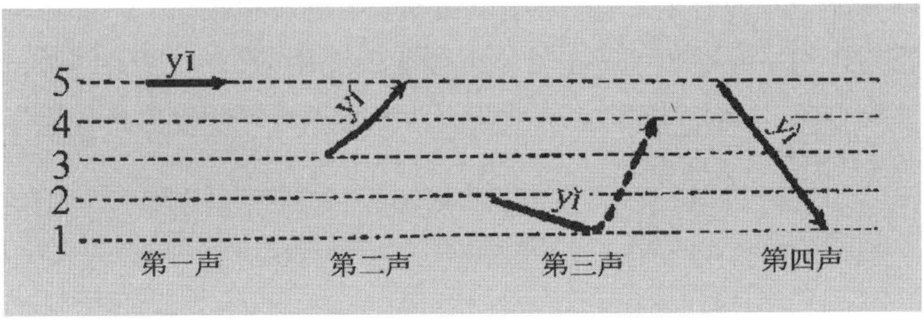

구체적으로 교사는 손으로 4성을 그리면서 음의 높낮이에 따라 발음을 한다. 예를 들어 55를 가리키면서 정확한 1성을 발음하고 35를 가리키면서 2성을 발음한다.

(3) 성조 그림 제시

성조 변화(변조)를 가르칠 때 간단한 표시도를 이용하여 성조의 변화를 생동적으로 보여준다. 3성의 변조를 가르치거나 '一'와 '不'의 성조 변화를 가르칠 때 모두 이런 그림 제시법을 사용할 수 있다.

3성과 3성이 이어질 때 첫 번째 3성은 2성으로 읽어야 한다는 것을 다음과 같이 나타낼 수 있다.

ǎ + ǎ	→	á + ǎ
nǐ + hǎo	→	níhǎo
你 好		你好

3성이 1, 2, 4성 앞에 있을 때는 반3성으로 읽는데, 이는 다음과 같이 제시할 수 있다.

```
hǎo+tiān  →  hǎo+tiān
hǎo+rén   →  hǎo+rén
hǎo+kàn   →  hǎo+kàn
```

'一'의 성조 변화는 특수한 음운 현상으로, 그림 제시법을 사용하여 정확하게 그 변화의 규칙을 정리해 줄 수 있다.

```
一   yī
yī+zhī    →    yìzhī
yī+tiáo   →    yìtiáo
yī+bǎ     →    yìbǎ
yī+jiàn   →    yíjiàn
```

2. 발음 지도 방법

발음과 성조 보여주기를 통해 학생이 중국어 발음 항목을 기본적으로 이해하면 발음을 정확하게 발화할 수 있도록 지도하는 단계에 들어간다. 다음은 자주 사용되는 구체적인 발음 지도 방법들에 대해 살펴보기로 하겠다.

1) 대안 제시법

대안 제시법(帶音法)이란 새로운 발음을 가르칠 때 이미 배운 음소 및 학생의 모국어에 있는 음소를 이용하여 다른 발음 부위나 발음 방법을 이끌어 내거나 혹은 쉽게 낼 수 있는 발음을 통해 이와 관련된 어려운 음을 발화할 수 있도록 하는 것이다.

중국어에는 종종 발음 부위나 발음 방법이 비슷한 음이 있다. 예를 들면 o e i 와 u sh r 등이 그렇다. 그 가운데 o i sh 는 상대적으로 배우기 쉬운 반면 e u r 은 어려운 편이다. 대안 제시법을 사용하면 이러한 어려운 발음들을 비교적 쉽게 이해시킬 수 있다. 또한 배우기 쉬운 발음이나 이미 발화할 줄 아는 음을 통해 입모양이나 발음 방법을 바꾸게 하고 여러번 연습시키면 어려운 발음을 터득하게 할 수 있다.

(1) 대안 제시법을 사용해 e 가르치기

먼저 o 를 발음하게 하고 이 발음을 길게 늘이는데 두 손으로 입 가장자리를 양쪽으로 잡아당겨 입이 옆으로 벌어지게 하면 e 발음이 나온다.

(2) 대안 제시법으로 ü 가르치기

ü 를 가르칠 때 먼저 i 를 가르친다. i 를 정확하게 발음하면 교사가 손가락으로 입을 가리킨다. i 음을 길게 발음하고 음을 이끌어 내는 과정에서 입술을 점점 모아 둥글게 만들면 ü 음이 나온다.

(3) 대안 제시법으로 r 가르치기

먼저 sh 를 발음한 후 sh 의 발음 부위를 이용하여 sh 의 음을 길게 늘이고 성대를 진동하여 청음을 탁음으로 변하게 하면 r 이 자연스럽게 발음된다.

(4) 대안 제시법으로 설첨운모(舌尖元音) 가르치기

중국어의 운모 -i(이)와 -i(으)는 단독으로 발음하지 않기 때문에 습득하기 어렵다. 이 발음은 각각 설첨전음(舌尖前音) zi ci si 와 설첨후음(舌

尖后音) zhi chi shi ri 에 나타나므로, 간단한 방법은 성모의 발음을 길게 내서 이 발음을 유도해 내는 '통합형 교육'을 진행해야지 이 운모만을 따로 가르치지 않는 것이 좋다.

2) 몸짓이나 실물을 빌리기

어떤 발음은 몸짓이나 실물의 도움을 얻어 발음 부위나 발음 방법을 교정할 수 있다. 이처럼 신체적 몸짓을 사용하여 지도하는 방법을 동작 기법이라 하는데 중국어에서 리듬을 내재화하는 데 도움이 된다.

(1) 손가락 물기 방법으로 권설음 가르치기

권설음 zh ch sh r 은 교사가 시범을 보여도 학생이 이해하기 어려운 발음인데, 그 이유는 혀를 말지 못하기 때문이다. 학생이 zh ch sh r 의 발음 모양을 알고는 있으나 이를 모방하지 못해서 권설음을 내지 못한다면 손가락 깨물기 방법을 사용하여 강제적으로 혀끝을 위로 구부리게 할 수 있다. 방법은 검지 손가락을 길게 뻗어 입안에 넣고 혀끝 뒷면에 댄 다음 이 상태에서 이로 손가락 첫 번째 마디를 살짝 무는 것이다. 교사가 먼저 발음 시범을 보여준 다음에 학생이 모방하게 한다. 학생들이 권설음을 발음할 수 있을 때 손가락을 꺼내게 한다. 이렇게 몇 번을 반복하면 학생이 서서히 zh ch sh 음을 발화할 수 있게 된다. 이때 대안 제시법을 사용하여 r 발음을 이끌어 낸다. 이러한 방법은 학생이 위생적이지 못하다고 느껴서 모방하지 않으려고 할 수도 있는데, 이럴 때는 미리 손을 씻게 하면 된다.

(2) 손가락 물기 방법으로 전비음(前鼻音) 운모 가르치기

교사가 먼저 발음 시범을 보인 후 학생으로 하여금 an 과 ang 의 발음이 다름을 알게 한다. 학생이 an과 ang를 듣고 그 차이점을 구별할 수 있으나 정확하게 an을 발음하지 못할 때, 혀를 길게 내밀어 윗니와 아랫니 사이에 두게 한다. 먼저 혀를 살짝 물게 한다. 그리고 교사가 발음하는 모습을 보게 한다. 순서는 입을 벌려 발음하고 발음이 끝날 때 윗니와 아랫니로 혀끝을 살짝 깨문 채 an을 발음하게 한다. 몇 번 반복한 다음에는 혀를 앞으로 뻗어 윗니 뒤에 대개 하면 an을 정확하게 발음하게 된다.

(3) 손으로 유기음(送气音)과 무기음(不送气音)을 구분하기

손바닥을 입에 가까이 대고 유기음을 연습하게 해서 바람이 나오는 것을 느끼게 할 수 있다. 이는 유기음의 발화 방법이기도 한데, 전자가 학생의 시각을 중시하는 방법이라면 후자는 학생의 촉각을 중시하는 방법으로 모두 직관적인 교수법이다.

(4) 얇은 종이로 유기음과 무기음 구분하기

유기음 p t k q c ch 를 가르칠 때 얇은 종이를 입에 가까이 대고 발음할 때 바람이 나오면서 종이가 흔들리는 것을 보여줄 수 있다. b d g j z zh 는 이런 현상이 없기 때문에 학생으로 하여금 유기음과 무기음의 차이를 알 수 있게 해준다.

3) 묘사법

발음 원리(발음 부위, 발음 방법)를 묘사해서 발음 방법을 정확히 터득하게 한다. 학생이 어려워하는 발음을 시범과 모방을 통해서도 그 정확한 발음 위치를 잡아주지 못해 발음 요령을 터득하지 못한 경우 모국어를 이용해 간단하게 발음 방법을 소개할 수 있다. 이 방법의 특징은 먼저 발음 이론을 통해 지도한 후 새로운 음소를 가르치기 전에 발음 부위, 발음 방법, 혀의 위치, 입술 모양 등을 간단하게 묘사한 후 (물론 그림 자료를 활용할 수 있다) 발음 시범을 보여주고 연습시키는 것이다.

4) 대조법

대조법은 중국어를 가르칠 때 자주 사용되는 방법으로 발음 교수법에서도 예외가 아니다. 여기서 말하는 대조법은 두 방면의 비교로 중국어와 모국어의 대조, 그리고 중국어 내부의 대조이다.

(1) 중국어와 모국어 간의 대조

중국어의 발음 체계와 모국어의 발음 체계를 대조하여, 양자의 차이점을 찾아내어 학생이 발음을 습득하는 데 어려움을 덜도록 한다.

(2) 중국어 내부의 대조

중국어의 어떤 발음은 발음 부위가 서로 가까우나 완전히 같지는 않은 경우가 있다. 예를 들어 b-p, d-f, g-k에서 전자는 무기음이고 후자는 유기음이다. 이렇게 대조를 이루는 유기음과 무기음을 가르칠 때 먼저 무기음을 발음하게 하고 그 다음에 유기음을 가르쳐 비교해 주어 학생이 두 음의 차이를 판별할 수 있게 한다. 예를 들어 학생이 an과 ang를 잘 구분하지 못한다면 두 음을 발음할 때의 입모양, 혀의 위치 등의 차이를 비교하여 이 둘을 구별할 수 있게 한다.

(3) 성조를 가르치는 방법

성조는 중국어 교육에 있어서 가르치기 어려운 부분이다. 네 가지 성조의 지도 순서를 적절하게 정하여 쉬운 성조에서 어려운 성조로 진행하면 학생이 배우기가 쉬워진다. 성조 지도 순서로 1성, 4성, 3성, 2성의 순서로 가르치는 것이 좋을 것이다. 그러나 연습 시에는 1성, 2성, 3성, 4성의 순서로 진행하여 학생의 머리 속에 성조에 대한 깊은 인상을 남겨준다.

(4) 손동작 이용하기

성조 연습 시 손동작을 함께 사용해서 음의 높낮이의 변화를 보여주고 학생이 성조를 정확하게 발음하도록 돕는다. 1성을 발음한다면 다섯 손가락을 모으고 손바닥을 왼쪽에서 오른쪽으로 평평하게 움직여 5 → 5 음조 값을 표현할 수 있다. 4성을 가르칠 경우 손을 위에서 아래로 사선으로 떨어지게 해서 5 → 1 음조를 표시할 수 있다.

(5) 머리 동작 이용하기

머리를 자연스럽게 들거나 숙이면서 성조를 발음하도록 유도할 수 있다. 눈은 정면을 보고 머리를 왼쪽에서 오른쪽으로 평행 이동하며 입으로는 1성을 발음한다. 머리를 아래에서 위로 사선으로 들면서 2성을 발음하고 고개를 숙여 턱을 목에 갖다 대었다가 다시 천천히 위로 올리면서 3성을 발음한다. 머리를 위에서 아래로 사선으로 내리면서 4성을 발음한다.

(6) 대안 제시법으로 제2성 가르치기

대안 제시법으로 제2성을 발음하도록 유도할 수 있다. 제2성은 비교적 어려운 발음으로 대개 발음이 올라가지 않고 3, 4음계에서 맴돌게 된다. 학생으로 하여금 정확하게 제2성을 발음할 수 있게 하기 위해 먼저 제4성을 발음하고 나서 제2성을 유도해 낸다. 이는 제4성을 발음할 때 성대를 이완시킨 다음에 천천히 긴장시키면 제2성이 되기 때문이다.

5) 과장법

발음을 제시하고 지도할 때에는 강한 인상을 주기 위해 각각의 발음 특징을 부각시킬 수 있다. 특히 발음 지도 단계에서는 과장된 손동작이 필요하고 음의 높낮이 차이를 과장하여 가르쳐야 학생이 중국어 발음과 성조를 쉽게 이해하고 따라할 수 있다.

(1) 과장된 판서

복합운모를 가르칠 경우 발음의 입모양이 중요하므로 a o e 를 더욱 크게 써서 학생으로 하여금 복합운모의 개구도(开口度)가 각각 다르다는 점을 직관적으로 이해할 수 있게 한다.

(2) 과장된 입모양, 음정, 성량

운모 a 를 발음할 경우 입을 좀 더 크게 벌려 a 의 입모양이 가장 크다는 것을 과장되게 보여줄 수 있다. 운모 an 의 발음을 어려워하는 학생도 있는데, 이때 학생의 혀를 더 길게 내밀게 하고 입을 더 크게 벌리게 한 후 입을 힘껏 양옆으로 잡아당기게 해서 an 의 혀 위치, 입모양을 과장되게 보여줄 수 있다. 또한 입모양, 혀의 위치, 혀 움직임의 과정을 적절하게 과장할 수도 있다. 가령, 복합운모 ai 를 발음한다면 a 의 성조와 음을 모두 늘릴 수 있다.

복합운모를 발음할 경우 성량이 크게 발음되는 것을 더 크게 쓸 수 있다. 예를 들면 다음과 같이 판서할 수 있다.

ai	ei	ao	ou
ia	ie	ua	uo

(3) 과장된 성조의 높낮이

성조를 가르칠 경우 성조 부호는 그 자체가 형상성을 지니고 있다. 또한 네 개의 성조 값에 따라 각각의 높낮이를 그린다면 학습 효과는 더욱 커질 것이다. 이는 학생으로 하여금 성조 부호의 표기법을 통해 성조의 높낮이 자체를 명확하게 이해하고 그에 대한 인상이 오래 남아 자연스럽게 습득할 수 있기 때문이다. 성조 지도 단계에서 이러한 과장법은 학생의 성조에 대한 이해를 돕고 중국어의 어려운 발음을 정확하게 습득하도록 하기 위한 것이다. 그리고 학생이 중국어의 발음과 성조를 정확하게 익힌 뒤에는 다시 본래의 자연스런 음폭으로 가르쳐야 한다.

3. 실제 발음 지도

발음 지도 단계에서 연습은 상당히 중요한 위치를 차지한다. 반복 연습과 모방을 통해 중국어 발음을 정확하게 이해하고 습관이 형성되기 때문이다. 발음 연습은 두 가지로 나눌 수 있다. 하나는 직접 발음을 내면서 연습하는 것으로 모방 연습이나 보고 읽는 연습이 여기에 포함된다. 다른 하나는 듣기 연습으로 듣고 판단하기, 판별하기, 빈칸 채우기 등이 이에 포함된다. 발음 지도 단계에서 발음 연습과 듣기 연습은 상호보완적인 요소이다. 때문에 모방은 단지 중국어 발음 습관을 형성하는 것에 불과하며 정확하게 모방하기 위한 전제로는 정확한 듣기 능력이 요구된다. 따라서 발음 지도 단계에서는 반드시 발음 연습과 듣기 연습이 병행되어야 한다.

1) 모방 연습

모방 연습은 성모, 운모, 음절, 성조 변화, 강세, 끊어 읽기, 억양, 대화 등의 연습에 모두 사용할 수 있다.

(1) 전체 모방

학생들로 하여금 교사나 녹음 자료의 발음을 듣고 따라하게 한다. 다음의 예를 보자.

교사 : ā	학생 : ā
교사 : ā á ǎ à	학생 : ā á ǎ à
교사 : 你好。	학생 : 你好。
교사 : 你做什么呢?	학생 : 你做什么呢?

전체 읽기의 장점은 함께 읽기 때문에 부끄러움을 타는 학생들의 적극적인 참여를 유도할 수 있고 편안한 교실 분위기 속에서 귀와 입을 통해 듣고 말하기를 연습할 수 있다는 데 있다. 특히 개구율(입을 여는 비율)을 높일 수 있어 발음 연습의 횟수를 증가시킬 수 있다. 이는 발음, 어휘 및 문형 학습의 기본이 되는 방법이다. 단점은 발음을 어려워하는 학생이 있을 경우 이를 개별적으로 교정해 주지 못할 수 있다는 것이다. 때문에 전체 혹은 소그룹으로 따라 읽기를 3~4번 진행한 후에는 개별 학생 순서로 읽게 해야 한다.

(2) 개별 모방

개별 학생이 교사나 녹음 자료의 발음을 따라 읽는다. 연습 시 주의할 점은 모든 학생에게 혼자 연습할 기회를 주어야 한다. 개별 읽기의 장점은 교사가 학생이 어려워하는 발음상의 문제를 쉽게 발견할 수 있어서 즉각적으로 교정해 줄 수 있다는 것이다. 또한 다른 학생의 발음을 들으면서 발음 연습에서 듣기 연습으로 전환되어 긴장을 풀 수 있고 비교적 편안한 마음으로 연습할 수 있다. 그러나 일부 학생들이 쉽게 긴장한다는 단점이 있기 때문에 교사는 틀린 발음을 교정할 때 학생의 얼굴 표정의 변화를 살피면서 외국어 학습에 대한 두려움을 없애 주도록 돕는다.

2) 보고 읽기 연습

자료를 보고 소리 내어 읽게 한다. 보고 읽기를 통해 자신이 연습해 온 발음을 공고히 할 수 있고 한자의 발음, 형태, 의미를 자연스럽게 터득하여 여기에 어휘, 음률, 억양 등을 익힘으로써 중국어 학습의 기초를 다질 수 있다.

한자 읽기 연습을 할 때 학생으로 하여금 모든 한자는 발음, 형태, 의미가 결합된 것임을 이해시킨다. 흔히 중급 교재의 본문은 한어병음 없이 모두 한자로 표기되어 있다. 때문에 발음 지도 단계에서 각 한자가 지니고 있는 발음과 성조를 익히도록 해야 한다. 보고 읽기 연습에는 성모 판별하기, 운모 판별하기, 성조 판별하기, 다음절과 짧은 문장 읽기, 한자 읽기 등이 있다.

(1) 성모 판별하기

틀리게 읽기 쉬운 성모나 이러한 성모가 나오는 다음절 단어를 같이 배열하여 두 성모의 차이를 판별하여 읽게 한다. 유기음과 무기음, 권설음과 설치음을 함께 비교한다.

bízi — pízi
dìqiú — tī qiú
yúcì — yúchí

(2) 운모 판별하기

틀리게 읽기 쉬운 운모나 이러한 운모가 나오는 다음절 단어를 같이 배열하여 두 운모의 차이를 판별하여 읽게 한다. u 와 ü, an 과 ang, in 과 ing 를 비교한다.

shàng — shān
rénmín — rénmíng
jǔxíng — juéxīn

(3) 성조 판별하기

성모와 운모는 같지만 성조가 다른 음절을 각각 비교하며 가며 읽게 한다.

bā — bá
zhī — zhǐ
tóngzhì — tǒngzhì
dǒngle — dòngle

성모와 운모, 그리고 성조 읽기 연습이 끝나면 다시 제3성의 변조, 儿化음, 경성이 있는 다음절 단어, 짧은 문장, 한자로 쓰인 문장 등을 읽게 한다.

3) 성조 연습

(1) 4성 읽기

제1성부터 제4성까지 연속해서 읽게 한다. 학생은 반복되는 성조 연습을 통해 음의 높낮이 변화에 자연스럽게 익숙해지고 기본적으로 4개의 성조를 습득한다. 이는 발음 지도 단계에서 자주 진행해야 하는 연습으로 반복 연습을 통해 각 성조의 높낮이를 정확하게 터득해야 한다. 성조 연습은 교사의 지도 하에 노래를 부르듯이 제1성부터 제4성까지 연이어 발음한다.

```
ā — á — ǎ — à
mā — má — mǎ — mà
```

초기에는 학습 진도에 맞춰 쉽고 간단한 단운모를 사용한다. 성조를 연습할 때는 그룹 연습, 개별 연습, 교차 연습 등을 이용할 수 있다. 교사가 제1성을 발음하면 학생이 제2성과 제3성을 발음한다. 혹은 전체 학생들을 두 조로 나누어 왼쪽은 제1성과 제2성을, 오른쪽은 제3성과 제4성을 발음한 후 다시 바꿔서 연습할 수 있다. 혹은 네 개의 조로 나누어 1성, 2성, 3성, 4성을 번갈아 가며 발음 연습을 진행할 수 있다.

(2) 성조 정하기

성조 연습을 하기 전에 a 나 다른 간단한 음을 사용하여 성조를 정하고 학생이 정확하게 성조를 발음하도록 한다.

교사		학생	
ā ā		ā ā	
dā dá		dā dá	

bà ba   bà ba

　간단한 기계적 연습을 마친 후 다른 연습으로 진행한다. 학생이 다음절 단어를 정확하게 발음하지 못한다고 판단되면 다음과 같은 방법으로 성조를 정해 주어 학생이 규칙대로 정확하게 발음할 수 있게 돕는다.

교사		학생
ā	ā	jiāotōng
ā	á	yāoqiú
ā	ǎ	gāngbǐ
ā	à	jīdàn

(3) 성조 결합 연습

　다른 성조를 가진 음절을 결합하여 성조 발음 연습을 진행한다. 단음절 발음 연습만으로는 성조를 제대로 익힐 수 없다. 다시 말해, 정확한 성조의 습득은 다른 성조의 결합, 단음절 및 다음절 단어의 연습을 통해서만 해결할 수 있다. 예를 들어 제3성의 성조 변화나 경성 등의 음운 현상은 대부분 단음절 단어나 문맥 속에서만 나타난다. 어떤 성조는 다른 성조와 결합해서 발음하면 더 정확하게 발음되기 때문에 성조를 따로 연습했을 때보다 더 큰 효과를 얻을 수 있다.

　제1성과 제4성이 결합하면 제4성이 내려가게 할 수 있고 제2성과 제1성을 결합하면 제1성의 높이를 더 확실하게 올릴 수 있다. 제4성과 제2성을 연달아 발음하게 하면 제2성의 시작점을 더 낮게 해서 제2성이 잘 올라갈 수 있게 할 수 있으며 제4성과 제3성을 연달아 발음하게 하면 제3성의 시작점을 낮춰 그 성조 값을 더 정확히 발음하게 할 수 있다.

교사		학생
ā	à	chī fàn
á	ā	máoyī
à	á	miàntiáo
à	ǎ	diànnǎo

4) 듣고 판별하기

듣고 판별하기 연습의 목적은 학생의 성모, 운모, 성조에 대한 판별 능력을 길러줌으로써 발음 능력까지도 제고시키는 데 있다. 발음 수업에서의 듣고 판별하기와 청취 수업에서의 듣고 판별하기 연습은 각각 중시하는 점이 다르다. 청취 수업에서는 내용의 이해에 중점을 두는 반면 발음 수업에서는 발음을 듣고 정확하게 판별해 내는 데 중점을 둔다. 청취 수업에서는 내용의 의미를 추측해도 무방하지만 발음 수업에서는 발음을 듣고 추측하는 연습은 바람직하지 않다. 물론 학생이 자기가 들은 발음을 유추해서 대답할 가능성도 있지만 이는 발음 연습의 주요 목적은 아니다. 발음 연습은 정확하게 해야 하며 간과해서는 안될 부분이다. 실제 발음 지도의 듣고 판별하기 연습은 발음 판별하기, 오답 판단하기, 정답 선택하기, 빈칸 채우기 등이 있다.

(1) 발음 판별하기

① 성모 판별하기

교사가 읽기	학생이 판단하기	
pa	b	p

bing	b	p
zhan	zh	z
tong	d	t
qiong	j	q

② 운모 판별하기

an 이나 ang 를 판별할 경우 교사가 an 과 ang 를 판서한다. 학생이 an 이 포함된 음절을 들었다면 왼손을, ang 가 포함된 발음을 들었다면 오른손을 들게 한다. 만약 둘 다 포함되지 않은 운모를 들었다면 두 손으로 엑스자를 만들어 답이 없음을 나타내게 한다.

교사가 읽기	학생이 가리키기
nian	왼손을 든다
guan	왼손을 든다
liang	오른 손을 든다
pen	두 손을 교차한다

③ 음절 판별하기

교사는 여러 개의 음절을 판서하고 그 가운데 하나를 발음한다. 학생으로 하여금 교사의 발음을 듣고 맞는 음절을 가리키게 한다.

교사가 읽기	학생이 판별하기	
zhu	chu ( )	zhu ( )
ji	ji ( )	qi ( )

dang	dang ( )	dan ( )
gong	kong ( )	gong ( )

④ 다음절 판별하기

들고 판별하는 속도와 정확성을 요구하며 제한 시간 내에 완성해야 한다. 다음절 판별은 문장 속에서 특정 단어를 가리키게 한다.

교사가 읽기	학생이 판별하기
昨天晚上我没有好好休息。	a xuéxí ( )
	b xiūxi ( )
我们晚上七点吃晚饭。	a chì wǎn fàn ( )
	b chī wán fàn ( )
我昨天没锻炼。	a jiànmiàn ( )
	b duànliàn ( )

⑤ 성조 판별하기

교사가 단음절 단어를 읽고 학생으로 하여금 왼쪽 손가락으로 자신이 들은 성조를 표시하게 한다. 단음절 단어는 학생으로 하여금 왼쪽 손가락으로 첫 번째 음절의 성조를, 두 번째 음절의 성조는 오른쪽 손가락으로 표시하게 한다.

교사가 읽기	학생이 판별하기
shì	왼쪽 손가락 4개를 펼친다
chuáng	왼쪽 손가락 2개를 펼친다

| qiānbǐ | 왼쪽 손가락 1개, 오른쪽 손가락 3개를 펼친다 |
| qǐlái | 왼쪽 손가락 3개, 오른쪽 손가락 2개를 펼친다 |

(2) 오답 판별하기

교사나 녹음 자료의 발음 가운데 일부는 답안과 일치하고 일부는 답안과 불일치한다. 각자 들은 발음과 주어진 답안과의 일치 여부를 판별하게 한다.

① 성모 오답 판별하기

교사가 읽기	학생이 판별하기
zhuān	chuān (　　)
shuāng	shuāng (　　)
huān	huān (　　)
chōng	chōng (　　)

② 운모 오답 판별하기

교사가 읽기	학생이 판별하기
qióng	qún (　　)
wèn	wèn (　　)
xiè	xuè (　　)
yè	yuè (　　)

③ 음절 오답 판별하기

교사가 읽기	학생이 판별하기
kaīshǐ	kāishǐ ( )
jièshào	yèxiào ( )
wàijiāo	wàixiào ( )
Qíncháo	Qīngcháo ( )

④ 성조 오답 판별하기

교사가 읽기	학생이 판별하기
wàiyǔ	wàiyǔ ( )
shàng chuán	shāngchuán ( )
dìjiāo	dìjiāo ( )
shuǐli	shuǐli ( )

(3) 정답 선택하기

여러 개의 답안(3개 혹은 4개)과 하나의 정답만을 제시하고 교사나 녹음 자료가 들려주는 발음을 듣고 맞는 답을 고르도록 한다.

① 음절 정답 선택하기

교사가 읽기	학생이 판별하기		
1. jiàocái	1. a jiāocài	b jiàolái	
	c jiàocái	d jiàocài	
2. zhǐdǎo	2. a zhīdao	b zhǐdǎo	
	c chídao	d zhǐdāo	

3. hǎoyǔ	3. a hǎoyǔ	b hǎoyú
	c hǎoyí	d láoyù
4. fēnbǐ	4. a fēnbí	b fēngbì
	c fēnbǐ	d fēnmì

② 성조 정답 선택하기

교사가 읽기	학생이 판별하기	
1. guāngmíng	1. a guāng	b guáng
	c guǎng	d guàng
2. értóng	2. a ēr	b ér
	c ěr	d èr
3. bǎoguì	3. a bāo	b báo
	c bǎo	d bào
4. jiěshì	4. a shī	b shí
	c shǐ	d shì

(4) 빈칸 채우기

교사나 녹음 자료가 제시한 답안 가운데 일부는 빈칸으로 처리하여 각자 들은 발음에 근거하여 빈칸을 채우도록 한다. 성모, 운모, 성조, 음절, 그리고 단어 빈칸 채우기 등의 수업 방법은 초급 수준에서 사용하는 것이 적합하다.

① 성모 채우기

교사	학생
zázhì	______ á ______ ì

zhēnchéng	_______ ēn _______ éng
gǎnxiè	_______ ǎn _______ iè

② 운모 채우기

교사	학생
hépíng	h _______ p _______
yìnxiàng	y _______ x _______
shēngqì	sh _______ q _______

③ 성조 채우기

교사	학생
tóngzhì	tongzhi
fēijī	feiji
huǒchē	huoche

④ 음절 채우기

교사	학생
yīyuàn	yī _______
lǚxíng	_______ xíng
Tā jiào shénme míngzi?	Tā jiào shénme _______ ?
Tā jiào liú huān.	Tā jiào _______ .

(5) 받아쓰기

교사나 녹음 자료의 발음을 듣고 그 내용을(대개는 성조까지 포함해서) 받아쓰게 한다. 받아쓰기는 성모, 운모, 성조, 음절, 문장을 판별하는 능력을 배양시켜 주고 한어병음의 쓰기 규칙을 터득하는 데 효과적이다.

① 성모 듣고 성모 쓰기
② 음절 듣고 성모 쓰기
③ 음절 듣고 운모 쓰기
④ 음절 듣고 성조 부호 쓰기
⑤ 음절 듣고 음절 쓰기
⑥ 문장 받아쓰기
⑦ 병음 듣고 한자 쓰기

5) 보고 쓰기

보고 쓰기 연습은 문장체(서면어) 연습을 따로 진행하는 것으로 여기에는 한자 보고 병음 쓰기나 병음 보고 한자 쓰기 등이 포함된다.

(1) 병음 보고 한자 쓰기

이 연습은 칠판이나 미리 준비된 연습장을 이용할 수 있다. 병음을 보고 한자를 받아쓰기는 단음절이든 다음절이든, 짧은 문장이든지 간에 학생이 이미 배운 것이어야 한다.

(2) 한자 보고 병음 쓰기

배운 한자로 단어카드를 만들거나 판서를 해서 학생으로 하여금 한자 아래에 병음을 달아 보도록 한다. 이 지도 방법은 빠른 시간 내에 한자의 발음과 뜻을 익혀서 다음 학습을 위한 기초를 다지는 데 목적이 있다.

4. 발음 교정

발음 교정은 중국어의 정확한 발음을 익힐 수 있도록 하는 중요한 단계이다. 정확한 발음 교정 방법을 사용하면 몇 배의 학습 효과를 얻을 수 있다. 올바르지 않은 교정 방법은 학습 효과를 얻기 어려우며 학생의 열정에도 나쁜 영향을 미칠 수 있다. 발음 교정 방법은 대체적으로 앞에서 소개한 발음 제시나 발음 시범과 비슷하다. 학생의 잘못된 발음을 발견하면 교사는 학생이 정확하게 발음할 때까지 인내심을 갖고 교정해 주어야 한다. 이는 교사가 학생에게 책임감을 갖고 성실히 지도해야 한다는 뜻이기도 하다.

학생의 발음이 틀렸을 경우 교사는 손짓, 몸짓, 도표, 판서 등을 통해 학생으로 하여금 자신이 어디에서 실수를 했는지를 깨닫게 한다. 발음 교정을 항상 교사가 해 줄 필요는 없다. 학생 스스로 찾아보게 하거나 다른 학생이 수정할 수도 있다. 학생 스스로 잘못된 발음 습관을 찾지 못할 경우에 교사가 적절한 방법으로 깨닫게 해 주어 다시 발음하게 하면 대부분의 학생들은 자신의 잘못된 발음을 잘 수정한다. 주의해야 할 점은 교사가 학생의 잘못된 발음을 따라해서는 안된다. 이는 학생에 대한 존중이기도 하며 중국어 공부에 대한 부정적인 영향을 주어서는 안되기 때문이다. 교사는 수업 시간에 정확한 발음만 해야 한다.

발음에 어려움을 겪는 학생에게는 교사가 여러 번 시범을 보여줌으로써 정확한 발음을 따라할 수 있게 한다. 틀리기 쉬운 중요한 발음들은 시간과 장소를 바꿔 가며 계속 반복해서 교정해 주어야 한다. 수업중이나 수업이 끝나기 전에 학생이 어려워했던 발음이나 성조 등을 연습하게 해서 정확한 발음을 이끌어 낸다. 가능하면 수업이 끝난 후에 개별적으로 수정해 주는 것이 좋다.

요약 정리

발음 학습은 중국어 학습 가운데 첫 번째 단계로 이때 습득한 발음의 정확성은 학습 성패를 좌우한다. 이는 중국어 학습에 대한 흥미를 증가시키는 것으로 이어진다. 그러나 이미 모국어의 발음 습관이 형성된 성인 학습자가 중국어 발음을 제대로 익힌다는 것은 결코 쉬운 일이 아니다. 이 단계에서는 재미있고 다양한 수업 방법을 사용하여 학생의 중국어 발음에 대한 흥미를 높여줌으로써 힘겹고 지루한 수업이 되지 않도록 하는 것이 중요하다.

중국어 발음 지도 시 교사가 따르는 순서는 크게 네 가지로 이는 발음 제시 방법, 발음 지도 방법, 실제 발음 지도, 그리고 발음 교정이다. 발음 제시 단계에서는 도표와 판서 사용하기, 발음 시범 보여주기, 발성 기관과 발음부위도 그림 제시하기 등이 있고 발음 지도 방법 단계에서는 대안 제시법, 몸동작이나 실물 빌리기, 묘사법, 대조법, 과정법 등이 있으며 실제 발음 지도 단계에서는 모방 연습, 보고 읽기 연습, 성조 연습, 듣고 판별하기, 보고 쓰기 연습 등이 있다.

마지막으로 발음 교정 단계에서는 발음제시 단계에서 사용되었던 방법들과 도표, 손동작, 몸동작, 실물, 모방, 대안 제시법, 과장법 등의 방법이 효과가 있다. 발음 교정을 항상 교사가 할 필요는 없다. 학습자 스스로 찾아 교정해 보게 하거나, 다른 학생이 하게 할 수도 있다. 실제 대화중에 생기는 발음상의 오류는 의사소통의 이해를 방해하는 요소가 아니라면 그대로 지나치는 것이 좋다. 언어는 도구로서 발음의 정확성보다는 비교적 유창한 회화 능력이라는 의미에서 발음의 유창성을 강조해야 한다. 다시 말해 언어 능력보다는 의사소통 능력을 중요시하는 것이 바람직하다. 이는 원어민에 가까운 거의 완벽한 발음 습득은 비현실적인 까닭이다. 가능하면 발음 교정은 교실 활동이 끝난 후에 일괄적으로 혹은 개별적으로 하는 것이 효과적이다. 발음은 오랜 시간에 걸쳐 점진적으로 향상되는 특성을 지니기 때문에 단시간 내에 학습 효과를 보기는 어렵다.

제 2 장
어휘 교수법

제2장 **어휘 교수법**

〈 생각해보기 〉

• 어휘 지도의 궁극적인 목표는 무엇인가요?

• 어휘력이 풍부한 사람이 의사소통도 더 자유로운데, 어휘력 향상을 위한 효과적인 교수법에는 어떠한 것들이 있나요?

언어 교육에 있어서 어휘는 중요한 위치를 차지한다. 어휘 수업은 중국어 학습의 핵심은 아니지만 간과해서는 안될 중요한 학습 단계로서 발음 수업을 제외한 모든 교실 활동은 어휘 학습에서부터 시작된다고 볼 수 있다. 그러므로 학생의 언어 실력을 향상시키기 위해서는 어휘를 잘 가르치는 것이 매우 중요하다. 본 장에서는 어휘 제시 방법, 어휘 설명 지도 방법, 실제 어휘 지도, 어휘 축적하기에 대해 소개하겠다.

1. 어휘 제시 방법

어휘 제시 방법은 그날 바로 배워야 할 모든 어휘들을 받아쓰고 판서하는 등의 방식을 통해 학생들에게 어휘의 의미를 설명하고 정확하게 읽을 수 있도록 한다. 또한 한자의 형태, 병음, 의미를 이해시키고 어휘의 용법까지 가르치는 것이다.

1)새 단어 제시

새 단어를 가르칠 때 많이 사용되는 어휘 지도 방법은 다음과 같다.

(1) 받아쓰기

그날 배워야 할 어휘를 나열한 순서에 따라 (본 장의 어휘 나열 종합을 참조) 받아쓰기의 방식을 통해 제시한다. 받아쓰기는 어휘 제시에서 자주 사용되는 방법이다. 받아쓰기는 학생이 예습해 온 어휘를 상기하고 확인하는 수단이 된다.

교사는 한 두 학생을 지목하여 칠판에 받아쓰도록 하고 나머지 학생들은 공책에 받아쓰도록 하거나 돌아가면서 칠판에 받아쓰도록 한다. 그리고 교사나 다른 학생이 칠판의 틀린 글씨를 바르게 고친다. 특히 교사가 학생들이 보편적으로 쉽게 틀리는 단어를 강조하여 또 다시 틀리지 않도록 주의시킨다. 마지막으로 교사는 학생들이 칠판에 받아 쓴 어휘의 의미를 설명하고 색분필로 오자를 바르게 고쳐준다.

받아쓰기는 단계별로 받아쓰는 방식을 달리할 수 있다. 교사가 읽어주는 단어를 학생이 그대로 받아쓰거나 교사가 단어의 뜻을 풀이해서 말하면 학생이 해당 단어를 받아쓴다. 예를 들어 교사가 '礼物'이라고 말하면 '礼物'이라고 쓰거나, 교사가 '다른 사람에게 존경이나 감사의 뜻으로 주는 물건(为了向别人表示尊敬或感谢赠送的东西)'이라고 말하면 학생으로 하여금 '礼物'이라고 받아쓰게 한다.

(2) 따라 읽기(领读)

교사가 새로 나온 단어를 시범적으로 읽고 학생으로 하여금 교사를 따라 읽게 한다. 따라 읽기는 받아쓰기 자료를 사용하거나 바로 교재에 나온 새 단어표를 통해 연습할 수 있다. 따라 읽기 또한 자주 사용되는 새 단어 제시 방법 가운데 하나이다. 이 방법은 학생이 단어의 독음을 습득하는 데 도움을 준다.

(3) 보고 읽기

칠판에 적힌 단어를 읽게 하고 그 중 잘하는 학생으로 하여금 새 단어의 형태, 발음, 의미를 설명하도록 한다. 그 구체적 방법은 단체로 혹은 각자 돌아가면서 칠판에 적힌 단어를 읽도록 한다. 먼저 단어의 앞뒤순서에 맞게 읽으면 다시 단어의 순서를 바꿔서 읽게 하여 학생이 단어의 발음을 정확히 읽는지 관찰한다. 교사는 한자를 분석하는 방법으로 부수의 의미를 간략하게 분석하고 단어의 형태, 발음, 의미의 연관성을 설명해줌으로써 학생이 단어를 오래 기억할 수 있도록 돕는다. (제6장 한자 분석 참고) 때로는 교사의 도움 없이 학생이 직접 본문 내용이나 새 단어표를 보고 읽게 할 수 있다.

(4) 단어카드

카드를 이용해 단어를 보고 읽게 한다. 카드는 다음과 같은 방법으로 만들 수 있다.

A면은 한자, B면은 단어의 발음과 뜻을 나타낸다.

그림 2 ▎ 단어 카드 제작 방법

단어를 읽을 때 우선 한어병음을 읽고 난 뒤에 한자를 보고 읽는다. 또는 바로 한자를 보고 발음을 낸다. 이러한 방법은 중국어 학습의 초기 단계에 활용하기 좋고 교사가 새 과를 나가기 전에 배운 단어를 복습하거나 그날 배운 단어를 보고 읽을 때 사용할 수 있다.

(5) 실물 사용

실제 물건을 제시하여 학생이 당일 수업 시간에 배워야 할 새 단어를 이해할 수 있도록 한다. 이를 테면, '书, 本子, 橡皮, 铅笔, 圆珠笔, 钢笔, 杂志, 报纸, 衬衣, 桌子, 椅子' 등의 새 단어를 공부할 때, 교사는 실제 물건을 제시하여 학생으로 하여금 사물의 이름을 익히도록 한다.

(6) 그림 제시

그림을 통해 그 날 배워야 할 새 단어를 익힐 수 있도록 한다. 가령, '红, 黄, 绿, 白, 黑 ……' 등의 색깔 관련 단어를 배울 때 색 도표를 이용할 수 있다. 또한, '刀子, 叉子, 筷子, 盘子, 碗' 등의 새 단어를 배울 때에도 그림을 제시할 수 있다. 이 방법은 학생이 예습을 비교적 잘 해왔을 때 더욱 큰 학습 효과를 기대할 수 있으며 학생의 예습 상태를 확인하는 데 유용하다.

2) 어휘의 계열화

앞에서 소개한 어휘 제시 방법은 비교적 단순한 단어를 가르치는 방법이다. 그러나 실제 가르칠 때는 한 과에 10개 내지는 수십 개의 단어가 나온다. 그래서 새 단어를 소개할 때는 가르치는 진도에 맞게 전체적으로 고려하여 소개할 단어의 순서를 결정해야 한다. 일반적으로 새 단어는 본문 중에 나오는 순서대로 나열된다. 교사는 필요에 따라 새 단어의 순서를 재배열하여 받아쓰기, 보고 읽기, 해석하기 등의 교실 활동을 진행할 수 있다.

(1) 품사별 분류

본문 속 새 단어를 명사, 동사, 형용사, 전치사, 부사 등 품사별로 분류 또는 귀납해 본다. 예를 들면 어떤 과의 새 단어는 다음과 같이 본문의 순서대로 나열되어 있다.

在	做	复习	语法	呢	休息	一块儿	行	不行
考试	听	录音	写	汉字	念课文	练习	刚才	广播

교사는 이를 품사별로 분류하여 다시 나열할 수 있다.

写	念	做	听	复习	休息	考试	(动词)
汉字	课文	练习	录音	广播	语法		(名词)
一块儿	刚才	在					(副词)
行	不行						(形容词)
呢							(助词)

이는 단어의 문법 기능에 따라 재나열한 것으로 교사에게는 품사의 각 특징에 따라 단어를 편리하게 조합하게 하며, 학생에게는 중국어 품사를 이해하는 데 큰 도움을 준다.

(2) 의미상 관련 단어 나열

교사는 단어와 단어 사이에 존재하는 의미의 상관성을 고려하여 새 단어를 나열하고 귀납할 수 있다. 가령, 어떤 과의 새 단어가 본문 내용의 순서대로 나열되어 있다고 보자.

着 挂 墙 妹妹 拿 姐姐 菜单 戴 表 弟弟 请客
饭馆 菜 鱼 肉 炒 青菜 好吃 啤酒

의미의 상관성을 고려하여 비슷한 종류의 단어들을 재배열해 주면 학생이 단어를 암기하는 데 큰 도움이 된다.

姐姐 妹妹 弟弟
拿 表 戴
墙 挂
请客 饭馆 菜单 菜 青菜 炒 鱼 肉 好吃 啤酒
着

위의 첫 번째 줄의 단어들은 가족 구성원의 명칭으로 함께 보고 읽으면 기억하기에 편리하다. 두 번째 줄은 '拿表', '戴表'로 만들어 볼 수 있다. 네 번째 줄은 '饭馆'에서 시작해 '请客'와 관련된 단어들이다. 교사는 다음과 같이 작문할 수 있다. "今天XX请客, 在饭馆请客, 饭馆里有菜单, 菜单上有很多菜。有青菜, 炒青菜, 有鱼, 有肉, 这些菜很好吃, 还有啤酒。" 마지막으로 '着'는 이 과의 문법 항목을 말해 준다. 이처럼 관련 단어 나열은 의미상 전혀 상관없는 새 단어들을 유기적으로 연관시킴으로써 해당 단어들을 더 오래 기억할 수 있게 해준다.

(3) 본문 순서에 따른 나열

본문에 나오는 순서대로 단어를 나열한다. 우선 단어를 받아쓰고 읽게 한 후에 나열된 단어를 본문을 읽어 가면서 함께 설명한다. 이때 모든 교

실활동은 칠판에 적힌 새 단어 위주로 진행된다. 학생은 새 단어를 받아
쓰고, 읽고, 교사의 본문 설명을 듣고, 본문 말하기 연습을 하는 과정에서
자연스럽게 새 단어의 의미를 익히게 된다. 이는 새 단어를 여러 번 듣고
말하기 연습을 함으로써 동일한 어휘를 반복해서 접하게 되는 까닭이다.
이러한 단어 나열 학습 방법은 읽기 수업, 말하기 수업, 듣기 수업 등 다
양한 수업 형태에서 사용될 수 있다.

(4) 상황별 나열

그날 배울 본문의 내용을 근거로 새 단어를 주제별로 재배열한다. 예
를 들어 본문의 주제가 '진찰 받기'라면 단어의 나열 순서는 다음과 같을
것이다.

病	手	破	上	药	每	次	舒服	头
疼	挂号	…科	内科	外科	发烧	嗓子	鼻子痛	咳嗽
表	度	张嘴	感冒	打针	开(药)	片儿		

이를 다시 상황별로 재배열할 수 있다.

아픈 증상 : 舒服　病　手　破　头　嗓子　疼　张嘴　鼻子
　　　　　　　痛　咳嗽　发烧　感冒
접수 절차 : 挂号　…科　内科　外科
약 처 방 : 药　开药　上药　药片儿　每　次　表　度　打针

교사는 상황별로 단어를 설명하고 대화를 만들어 학생에게 보여 준다.
이러한 나열의 장점은 단어의 의미를 쉽게 이해시키고 유기적인 활용이

가능하다는 데 있다. 때문에 배운 후 바로 실제 생활에서 적용할 수 있고
오래 기억할 수 있다.

2. 어휘 설명 지도 방법

배워야 할 어휘의 의미와 용법을 깊이 있게 설명하는 것이다. 어휘의
용법에는 문법적 기능 및 특징을 포함하여 문장 속 위치, 언어 환경, 결합
관계 그리고 사용 범위 등이 포함된다. 효과적인 어휘 설명 방법에는 어
휘의 의미 설명과 용법 설명 두 가지가 있다.

1) 어휘 의미 설명

(1) 배운 단어로 새 단어 설명

학생으로 하여금 이미 배운 중국어 어휘를 사용하여 새 단어의 의미를
설명하게 한다. 이때 교사는 학생이 배운 단어로 스스로 그 의미를 설명
할 수 있도록 일깨워 주고 학생의 틀린 부분을 수정해 준다. 이를 테면 새
단어 '恰巧'를 설명할 때 학생이 배운 동의어 '正好'로 새 단어의 의미를
말하도록 유도할 수 있다. '当即'의 의미는 '马上', '立即'로 설명할 수 있
다. 또한 '姑姑'라는 단어는 다음과 같이 설명할 수 있다.

교 사 : XX，你有姑姑吗？
학생1 : 有。
교 사 : 请你告诉我，姑姑是爸爸的。
학생1 : 是爸爸的姐姐。

> 교 사: 还有呢?
> 학생2: 爸爸的妹妹。
> 교 사: 对了。所以……
> 학생3: 姑姑是爸爸的姐姐或妹妹。

배운 단어로 새 단어의 의미를 설명하는 것은 모국어로 번역해 주는 식의 한계를 극복함으로써 정확하게 어휘의 의미를 해석하고 학생의 적극적인 참여를 유도하여 중국어 표현 능력을 한층 향상시킬 수 있다. 나아가 이미 배운 단어에 대한 복습 효과도 기대할 수 있으므로 가능한 한 이러한 방법을 많이 활용하여 새 단어를 설명하는 것이 바람직하다.

(2) 배운 형태소로 새 단어 의미 추측

배운 형태소를 가지고 새 단어의 의미를 추측한다. 가령, '服装店'이라는 단어를 공부할 때 교사는 학생에게 '店'은 이미 배운 형태소로 '商店'이라는 의미임을 상기시킨다. 즉, '服装店'는 '卖服装的商店'이다. 또한 '自学'라는 단어는 학생이 '自'가 '自己'의 '自'인 것, '学'는 '学习'의 '学'인 것을 이해하고 있다면 교사가 '自学'의 의미를 설명하지 않아도 학생이 스스로 충분히 추측해 낼 수 있다. 배운 단어의 형태소로 새 단어를 설명하는 것은 형태소의 의미에 근거하여 어휘의 의미를 유추하는 능력을 배양시켜주고 읽기 능력을 향상시키는 데 효과적이다.

(3) 이미지를 사용한 설명

실물, 그림, 판서, OHP 등 시각적인 교육 도구로 새 단어의 의미를 설명한다. 이를 테면 교사가 '龙'이라는 단어를 설명할 때, 용이 그려진 그림을 보여주면 한번에 기억할 수 있다. 이런 시각적인 설명 방법은 학생에게 시각적·청각적인 자극을 주어서 모국어 번역이 따로 필요 없이 단어

의 형태, 발음, 의미를 그림과 함께 바로 이해하고 더 오래 기억할 수 있
게 한다.

(4) 동작을 통한 설명

동작을 통해 단어의 의미를 설명한다. 가령, 중국어에는 물건을 휴대하
는 데 여러 동작을 나타내는 단어들이 많이 있다. '夹', '扛', '挎', '提', '抬',
'端', '扶', '搀', '拉', '靠' 등이 그것이다. 그저 번역에만 의존해서 이 단어들
을 해석한다면 그 의미를 명확히 구분하기가 어렵게 된다. 단어의 의미
설명만으로는 부족할 경우 교사는 실물을 이용하여 구체적인 동작을 보
여줌으로서 학생이 단어의 의미를 정확하게 이해할 수 있도록 해준다.

(5) 언어 환경을 사용한 설명

학생에게 친숙하거나 직접 경험해 본 사례를 선택하여 구체적인 언어
환경을 설정하여 학생으로 하여금 단어의 실제 쓰임을 경험하게 함으로
써 자연스럽게 그 의미를 이해시킨다. 이를 테면 '凑合'라는 단어는 다음
에 설정된 두 가지 언어 환경에서 사용될 수 있다.

교사 : 下第四节课已经十二点了，你去食堂吃饭。你喜欢吃的菜已
　　　经都卖完了，你又不想去别的地方吃，你怎么办？你只好……
학생 : 凑合吃吧。
학생 : 今天电视有足球比赛，你最喜欢看足球比赛，你打开电视，
　　　电视不太清楚，可你又非常想看。这时你该怎么办呢？
학생 : 凑合看吧。

(6) 예문을 통한 어휘 설명

예문을 통해 어휘의 뜻을 이해시킨다. 여기서 중요한 것은 교사가 준비한 예문이 반드시 학생에게 친숙한 환경이나 실제 생활과 연관이 있어야 한다는 것이다. 이러한 방식으로 설명을 하면 학생은 중국어에 쉽게 친숙해지고 유용하다고 생각하여 그들의 호기심을 자극할 수 있다. 또한 단어의 의미를 쉽게 이해시키기 위해서 가능한 한 학생들에게 익숙하지 않은 어휘 설명은 피하는 것이 좋다. 가령, '难怪'라는 단어를 설명할 때 교사는 몇 개의 예문을 판서한다. 수업 시작 전에 미리 칠판에 적어두거나 구두로 예문을 말해 줄 수 있다.

(1) 难怪两个星期没看见他，他回老家了。
(2) 难怪教室里这么冷，原来没有暖气了。
(3) 难怪她汉字写得这么好，原来她每天都练习。
(4) 这课课文太难了，难怪他看不懂。

위의 예문 가운데 (1), (2), (3)은 학생들의 실제 상황과 관련이 있다. 학생은 예문을 통해 단어의 의미를 이해함으로써 독립적으로 새로운 문장들을 많이 만들어 낼 수 있다.

(5) 难怪小姚这么高兴，原来他的女朋友来了。
(6) 难怪这几天没看见他，原来他病了。

(7) 문맥을 통한 어휘 설명

앞뒤 문맥을 통해 다시 말해, 구체적인 언어 환경 속에서 단어의 특정 의미를 설명한다. 중국어 어휘는 상용어일수록 그 의미가 다양하다. 단순히 단어의 뜻만 말해 주면 학생은 깊이 있게 이해하지 못하고 설령 그 의미를 이해했다 하더라도 실제 생활에서 구사할 수 없게 된다. 그러므로 가능한 한 일정한 언어 환경의 범위 안에서 그 의미를 설명해 주어야 한다. 이러한 언어 환경에서 단어의 의미를 파악한다면 그 용법 또한 제대로 이해할 수 있다. 老舍의 극본《茶馆》가운데 나오는 대화 한 단락을 살펴보겠다.

> 宋恩子：我出个不很高明的主意，干脆来个包月，每月一号，按
> 　　　　阳历算，你把那点……
> 吴祥子：那点意思。
> 宋恩子：对，那点意思送到. 　你省事，我们也省事。

여기서 말하는 '那点意思'는 이미 단순히 글자 자체의 '의미'가 아닌 '钱'을 가리킨다. 또한《骆驼祥子》에서도 다음과 같은 인용문을 볼 수 있다. "两三个星期的工夫，他把腿遛出来了，就换了辆新车。" 여기서의 '遛'는 사전적 의미의 '체류하다'가 아닌 '단련하다'라는 의미이다. 이런 단어를 접했을 때, 교사는 앞뒤 문맥이나 대화 상황을 잘 살펴 해석해 줌으로써 학생으로 하여금 단어의 특정 의미를 이해할 수 있게 해준다.

(8) 동의어 비교하기

의미가 서로 비슷한 단어들(보통 이미 배운 단어에서 새 단어의 의미를 추측한다)을 비교하고 분석하여 학생에게 그 단어들의 공통점과 차이점을 명확하게 설명한다. 교사는 다음의 몇 가지 방법으로 어휘를 비교해 볼 수 있다.

① 동의어의 미세한 차이

'保护'와 '保卫' 모두 어떤 사물을 보호하여 위험에서 벗어나게 해준다는 의미이다. 그러나 '保护'는 주로 물건이 손상되지 않는 것이고 '保卫'는 침략당하지 않는다는 의미가 크므로 '保卫'는 의미상 '保护'보다 무거운 뉘앙스임을 알 수 있다.

② 동의어의 긍정적 의미와 부정적 의미

'成果'와 '后果'는 모두 '결과'라는 의미를 지닌다. '成果'는 값진 노동을 지불한 대가로 얻은 결과로 긍정의 의미를 가지는 반면, '后果'는 실패한 결과라는 의미로 부정의 의미를 띤다.

③ 동의어의 용법

'或者'와 '还是'는 모두 접속사이나 '或者'는 선택의문문에 사용할 수 없다.

(9) 반의어 비교하기

배운 반의어를 사용하여 새 단어의 의미를 설명한다. 이러한 방법은 학생이 단어의 의미를 이해하고 단어들 간의 연관성을 구축하며 새 단어를 오래 기억하는 데 큰 도움이 된다. 가령, '表扬'을 설명할 때 교사는 다음과 같이 질문할 수 있다.

교사 : 表扬的反义词是什么?
학생 : 批评。

때로는 반의어에 '不'의 부정 형식을 더하여 설명할 수 있다.

骄傲　－　不谦虚
斜　　－　不正
陌生　－　不熟

물론 이런 설명 방법은 의미상 완전히 서로 다른 반의어에 국한된다.

(10) 어휘 의미의 확장

단순히 본문 중에 나오는 단어의 의미와 용법을 설명할 뿐만 아니라 더불어 자주 사용하는 단어의 의미와 용법까지 설명한다. 중국어에서는 한 단어가 여러 가지 의미를 갖는 경우가 많다. 학생이 소화할 수 있는 범위 내에서 단어의 의미를 확장하여 그 용법을 빨리 파악할 수 있도록 도와준다. 이러한 교수 방법은 주요 어휘나 상용 다의어(多义词)를 설명할 때 유용하다. 이를테면 상용 다의어인 '一般'을 살펴보자.

- 春节的庆祝活动**一般**要到正月十五日元宵节才全部结束。
  (＝通常)
- 这个电影很**一般**，没有意思。(＝普通)
- 他跟弟弟**一般**高。(＝一样，同样)

(11) 어휘 의미의 귀납

배운 동의어가 지니고 있는 또 다른 의미와 용법을 체계적으로 분석하고 귀납하여 학생으로 하여금 전체적으로 그 단어를 이해하도록 한다. 예를 들어 '好'라는 단어는 매우 다양한 의미와 용법이 있으며 형용사와 부사로도 나누어진다. 이에 관해 몇 가지 의미를 익힌 후에 교사는 체계적으로 정리해 준다.

> 형용사 : 那本书很好。('好'는 좋은 점이 많고 만족스러움을 나타냄.)
> 　　　　那票好买吗? ('好'는 쉽다는 것을 뜻함.)
> 부 　사 : 我买了好几斤苹果。(수량사 앞에서 많음을 뜻함.)
> 　　　　外面好冷。(형용사 앞에서 '매우'의 의미를 갖으며 감탄의 어조를 띰)

(12) 번역하기

중국어 어휘의 의미를 한국어로 바로 번역해 준다. 초급 및 중·고급 단계에서 비교적 추상적인 의미의 단어를 중국어로 설명하면 시간과 노력을 허비하고 명확하게 설명하기도 어렵다. 이런 번역 방법은 간단하고 편리하여 시간을 절약할 수 있다. 그리하여 학생으로 하여금 단어의 의미를 빨리 이해하고 기억하여 실제 생활에서 적용할 수 있게 한다. 그러나 번역 방법은 매우 신중해야 한다. 계속해서 이런 번역 방법으로 수업을 진행한다면 학생의 모국어에 대한 의존도가 높아져 중국어에 대한 직관적 언어 감각이 감소하기 때문이다.

(13) 문답법

교사가 질문하고 학생이 대답하는 방식을 통해 새 단어의 의미와 용법을 설명한다. 이를 테면, '干'이라는 단어의 의미를 다음과 같이 가르칠 수 있다.

> 교사 : 干是什么意思? (학생이 예습해온 상황일 때)
> 학생 : 干是做的意思。

교사 : 可以说干什么?

학생 : 干活儿，干事，干工作。(여러 학생이 대답한다)

교사 : XX下午你做什么? (배운 표현으로 대체한다)

학생 : 我学习汉语。

교사 : XX下午你干什么?

학생 : 我洗衣服。

교사 : XX昨天下午你干什么了?

학생 : 我去电影院看电影了。

문답법은 매우 실용적인 교수 방법으로 중국어 어휘 수업에서 많이 사용되고 있는데 학생이 예습해 온 상황에서 활용하기에 좋다. 특히 학생과 함께 생각하고 정리함으로써 교실 수업에서 정서적 유대감과 중국어 의사소통능력을 함께 발달시킬 수 있는 좋은 교수법이다.

(14) 학생이 설명하기

학생으로 하여금 중국어로 단어를 설명하게 하고 교사가 수정하고 보충한다. 이 방법은 고급반에서 사용하기에 적당하다. 또한 학생의 적극적인 참여를 유도하고 중국어 표현 능력을 향상시키며 흥미를 유발시켜 줌으로써 교실 수업 분위기가 한층 활발해진다.

2) 어휘 용법 설명

(1) 어휘 결합의 실례

단어와 단어의 결합을 통해 그 용법을 설명한다. 자주 사용되는 단어 결합 관계는 두 종류가 있다. 하나는 단어와 단어 간의 상응 결합이다. 가령, '怪'에는 '很'의 의미가 담겨 있는데 종종 '的'와 호응하여 '怪……的'와 결합한다. 다른 하나는 '穿'과 같은 동사로 학생에게 어떤 명사들과 결합되는지를 이해시킬 수 있다.

穿 : 衣服, 裤子, 鞋, 袜子

잘못된 결합이 나오지 않도록 학생이 틀리기 쉬운 단어의 결합 관계를 미리 칠판에 적어 여러 차례 X 표시를 해줌으로써 틀리게 말하지 않도록 주의시킨다.

穿帽子（X）

중국어 어휘의 상용 결합 관계를 이해한 학생이라면 '穿帽子'와 같은 틀린 표현을 구사하지는 않을 것이다. 이런 단어의 결합 관계에 관한 학습은 동의어 뜻을 판별하는 데 매우 효과적이다. 이를 테면, '参观'과 '访问'은 모두 동사로 학생이 단어의 동목구조의 결합을 통해 그 차이점을 구별하도록 해준다.

参观 : 工厂, 学校, 医院, 博物馆, 展览会, 名胜古迹, 故宫
访问 : 北京, 上海, 一位老朋友, 一位汉语专家

위의 단어 결합을 종합해 보면, '参观'의 대상은 장소, 회사, 명승고적이지 사람이 될 수 없다. 반면, '访问'의 대상은 장소(국가, 도시) 뿐만 아니라 사람도 될 수 있다.

(2) 직접 설명하기

교사는 특별한 교수법을 사용하지 말고 바로 단어의 용법을 설명한다. 이를 테면 부사 '连忙'을 설명할 때, 교사는 '连忙'은 명령문에 사용할 수 없음을 직접적으로 설명한다. (你连忙跑出来! X) 이 방법은 단어의 문법적 특징, 문장 속에서의 위치, 동사일 경우 목적어를 수반할 수 있는지 없는지, 어떤 상황에서 사용할 수 있는지, 그리고 어떤 문형에서 사용할 수 있는지 등의 용법을 가르칠 때 사용한다.

3. 실제 어휘 지도

학생이 먼저 단어의 의미와 기본 문법을 이해하고 있다는 전제하에 반복 연습을 통해 중국어를 실제 생활에서 활용할 수 있도록 하기 위한 연습이다. 실제 어휘 지도는 크게 기억 훈련, 판별 연습, 용법 연습, 이해 연습으로 나눌 수 있다.

1) 단어 기억 훈련

단어의 발음과 의미뿐만 아니라 단어와 단어의 결합 구조와 구성 방식을 기억하도록 돕는 데 그 목적이 있다.

(1) 직접 문답

교사가 묻고 학생이 답하는 형식으로 학생이 단어를 기억할 수 있도록 도와준다. 가령, '法国, 德国, 美国, 日本, 英国, 中国, 法郎, 马克, 美元, 日元, 英镑, 人民币' 등의 단어들을 가르칠 때 다음과 같은 방법을 사용할 수 있다.

교사 : 法郎是哪国的钱？

학생 : 法郎是法国的钱。

교사 : 法国的钱叫什么？

학생 : 法国的钱叫法郎。

혹은 교사가 아닌 학생이 학생에게 묻고 답하는 형식으로 진행할 수 있다.

(2) 그림 사용

그림을 보면서 중국어 어휘를 기억할 수 있도록 한다. 가령, '书架, 柜子, 枕头, 被子, 床' 등의 새 단어를 가르칠 때 교사는 학생 기숙사 방의 내부가 그려진 그림을 이용할 수 있다. 교사는 그림 속 방 안의 물건과 가구들을 가리키며 학생으로 하여금 반복해서 명칭을 말하도록 연습시킨다. 또한 '游泳, 跳舞, 吃饭' 등의 단어들도 그림을 통해 익히도록 돕는다.

(3) 실물 사용

수업 전에 미리 준비한 실제 물건이나 교실 안에 있는 물건을 사용하여 어휘를 익히도록 한다. 이를 테면 '桌子, 椅子, 门, 窗户, 练习本, 字典' 등의 단어들이 있다.

(4) 동작 사용

동작을 통해 단어의 뜻을 말하고 기억할 수 있도록 암기력을 강화시킨다. 이를 테면 손동작을 이용해 학생이 중국어로 숫자를 말하도록 한다.

이 방법은 초급 학습자가 1에서 10까지의 숫자를 배울 때 적합하다.

교사 : (伸出食指)

학생 : 一

교사 : (向掌心弯曲无名指，中指，食指，伸出小拇指与大拇指)

학생 : 六

(5) 동의어 말하기

해당 단어의 동의어를 말하게 한다. 이 연습의 목적은 해당 단어의 동의어를 상기시켜 오래 기억하게 함으로써 단어에 대한 연상 능력을 배양시키는 데 있다. 다음 단어에 해당되는 동의어를 각각 두 개씩 말하게 한다.

爸爸 : 父亲，爹

大概 : 也许，可能

正好 : 恰巧，恰好

依然 : 依旧，仍旧

好像 : 仿佛，似乎

(6) 반의어 말하기

다음 단어에 해당되는 반의어를 말하게 한다.

生 — — 死　　光明 — — 黑暗

开 — — 关　　乐观 — — 悲观

高 — — 矮　　安全 — — 危险

善 — — 恶　　成功 — — 失败

교사는 수업 전에 미리 단어를 카드나 칠판에 적어 놓고 연습시킬 수 있다. 연습 시 학생으로 하여금 카드나 칠판에 적힌 단어를 읽게 하거나 그 단어에 해당되는 동의어와 반의어를 가능한 한 많이 말하게 한다.

(7) 동사의 목적어 말하기

해당 동사에 어울리는 목적어를 말하게 함으로써(많으면 많을수록 좋다) 단어의 동목구조를 완성시킨다. 이 연습의 목적은 단어 내부의 구성 방식을 자연스럽게 이해하고 기억하도록 돕는 데 있다.

교사 : 看

학생 : 看朋友，看亲戚，看病人，看病，看小说，看电影，
　　　看报纸，看杂志，看热闹，看情况

교사 : 参加

학생 : 参加劳动，参加工作，参加大会，参加比赛，参加考试，
　　　参加活动

(8) 동사 말하기

해당 명사에 어울리는 동사들을 말하게 한다. 교사가 수업 전에 미리 단어를 칠판에 적어 두고, 한 학생이 칠판에 적힌 명사를 말하면 다른 학생들로 하여금 그 명사와 어울리는 동사들을 말하게 하는 방법이다. 이 연습은 복습 시에 활용하면 좋다.

교사 : 药

학생 : 开药，拿药，吃药，买药……

교사 : 菜

학생 : 买菜，做菜，盛菜，分菜，吃菜，点菜……

(9) 양사 말하기

제시하는 단어와 어울리는 양사를 맞추게 하는 연습이다. 이 연습은 초급 수준의 학생에게 적합하다.

교 사 : 汉语书
교 사 : 一本汉语书 (교사 시범)
교 사 : 床
학생1 : 一张床
교 사 : 车
학생2 : 一辆车
교 사 : 电脑
학생3 : 一台电脑

2) 어휘 판별 연습

배운 어휘 지식을 활용하여 학생 스스로 단어를 판별하고 분석하며 선택하는 연습이다. 어휘 판별 연습은 학생이 배운 단어를 잘 이해하고 있는지의 여부를 시험해 볼 수 있는 방법이다. 그 주요 방법은 다음과 같다.

(1) 다양한 용법을 지닌 어휘 판별

문장 속에서 한 단어가 지니고 있는 다양한 용법을 판별하고 분류해 내는 연습이다. 그 구체적 방법을 살펴보면, 교사는 한 단어가 지니는 다양한 용법의 모범 예문을 제시해 줌으로써 한 단어가 문장 속에서 어떻게 다양하게 활용되는지를 판별하도록 한다. 이를 바탕으로 더욱 복잡한 예문을 제시하여 문장 속에서 각각 어떤 용법으로 사용되었는지를 터득하게 한다. 이런 연습은 단어의 용법을 이해하는 과정 속에서 얻은 개념을 더욱 공고하게 해주고 나아가 한 단어가 지닌 다양한 의미와 용법들을 판별하는 능력을 배양시켜준다. 이 방법은 중급 수준의 학생에게 적용할 수 있다.

다음의 문장 속 '打算'의 세 가지 용법을 습득한다.

(1) 小张打算在这里多住几天。　　　　　　　　　　(准备)
(2) 在新的一年里，你有什么打算？　　　　　　　　(计划)
(3) 你应该多为大家打算打算。　　　　　　　　　　(想，考虑)

다음의 문장 속 '打算'이 각각 어느 용법에 속하는지를 말한다.

(1) 我打算下星期去上海。　　　　　　　　　　　(第一种用法)
(2) 王林不打算跟我一起去。　　　　　　　　　　(第一种用法)
(3) 你也应该为她打算打算。　　　　　　　　　　(第三种用法)
(4) 得到这笔钱以后，母亲的第一个
　　打算是把它作为女儿将来上大学的学费。　　(第二种用法)

(2) 빈칸 채우기

문맥과 단어의 용법에 근거하여 가장 적당한 단어를 선택해 빈칸을 채우게 한다. 이 연습에서는 비슷한 단어, 동일한 형태소의 단어 그리고 의미와 용법이 상이한 단어를 구별하는 것이 주요 목적이다. 그 구체적 지

도 방법을 살펴보면, 교사는 수업 전에 연습 문제를 판서하거나 OHP를
준비한다. 그리고 학생으로 하여금 칠판이나 OHP상의 문제를 보며 정답
을 고른 후에 완전한 문장으로 다시 말하도록 지도한다.

> (1) 明天下午，我去看电影 __________ 去看球赛。
>   A，和   B，还是   C，或者
> (2) 我 __________ 他不认识路，所以去车站接他。
>   A，恐怕   B，怕   C，或者
> (3) 别忘了把钥匙带好， __________ 你进不去了。
>   A，果然   B，忽然   C，不然

(3) 오류 수정

중국어 문장 중에 오류가 있는 부분을 수정하게 한다. 이러한 방법은
단어의 의미와 용법, 그리고 문법적 특징을 정확히 이해하고 있는가에 대
한 여부를 검토할 때 사용할 수 있다. 교사는 수업 전 틀린 문장을 판서하
거나 인쇄물(Hand-out)로 준비해 둔다. 수업 시간에 함께 틀린 부분을
찾아보고 그 이유에 대해 서로의 의견을 교환하며 토론한다. 이는 어휘
용법과 문법 규칙을 정확히 이해하고 틀린 문장을 바르게 수정하는 능력
을 배양시켜 준다. 오류 수정은 일종의 분석, 구별, 판단, 비교의 과정으
로 이러한 연습은 학생에게 중국어에 대해 깊은 인상을 남겨줄 수 있다.

다음의 틀린 문장을 바르게 고치고 그 원인을 말해 보세요.

> • 老师，我和王林明天有事，咱们不能来上课了。（X）
>   (틀린 이유 : '咱们'은 청자까지도 포함하므로 여기서는 '我们'이 적
>   합하다.)

> • 你放心吧，我明天千万来。（X）
>   틀린 이유 : '千万'은 일인칭에 사용할 수 없으므로 여기서는 '一定'
>   이 적합하다.）

(4) 어휘 의미 판별하기

제시된 단어들 가운데 같은 성질의 단어와 다른 성질의 단어를 찾아보도록 한다. 이는 단어의 뜻을 비교하여 추측하거나 판별해 내는 연습이다. 이로 인해 학생은 단어의 의미를 깊이 있게 이해할 수 있으며 예전에 배웠던 단어들을 복습하는 효과도 보게 된다. 그 구체적 교수 방법을 살펴보면, 교사는 단어의 의미를 고려하여 같은 성질의 단어를 판서하고 그 속에 다른 성질의 단어를 하나 섞어 넣는다. 그리고 학생들로 하여금 성질이 다른 하나를 찾아서 그 이유를 설명하게 한다.

> 中国　俄罗斯　日本　法国　伦敦
> 黄瓜　茄子　苹果　胡萝卜　土豆
> 火车　马　汽车　飞机　轮船
> 爱　恨　吃　喜欢　害怕

3) 어휘 의미 학습

단어의 의미를 정확히 이해해야만 진행할 수 있는 수업 방법이다. 이를테면 단어를 모국어 번역이 아닌 중국어로 설명하기, 단어 연상 연습, 성어나 속담으로 요약하기 등을 말한다. 이 연습의 목적은 중국어 구사 능력, 단어 연상 능력을 향상시키는 동시에 해당 단어의 의미와 용법에 대해 정확히 이해하고 있는지의 여부를 알아보기 위한 것이다.

(1) 중국어로 설명하기

학생으로 하여금 중국어로 단어의 의미를 설명하게 한다. 이를테면 다음의 단어 '打'에 대한 다양한 의미와 용법에 대해 설명하게 한다.

打毛衣　（织）　　打的　（坐）
打球　（玩）　　打水　（提）

(2) 성어나 속담으로 요약하기

먼저 상황을 설정해 주고 교사가 말한 의미를 적당한 성어나 속담을 사용하여 짧게 요약하도록 한다. 이 연습의 목적은 성어나 속담을 적절히 활용하여 생동적으로 자신의 생각을 표현하는 능력을 향상시키는 데 있다.

교사：杭州是最美的地方。
학생：上有天堂，下有苏杭。
교사：人们不喜欢批评，可是批评对人有好处。
학생：忠言逆耳利于行。

(3) 단어 연상

먼저 단어 하나를 제시해주고 학생으로 하여금 그에 연상되는 단어를 말하도록 한다.

교사：蔬菜
학생：黄瓜，土豆，茄子，柿子椒，白菜，胡萝卜

> 교사 : 恋爱
> 학생 : 爱情，甜蜜，散步，跳舞，公园，误会，争吵，结婚

(4) 이미지 연상

제시하는 그림이나 OHP 화면을 보고 그와 연상되는 단어를 말하는 연습이다. 학습 목적은 학생의 반응능력과 단어 연상 능력을 배양시켜 주는 데 있다.

> 화면　年轻的姑娘
> 학생　少女，年轻，美丽，漂亮，鲜花，青春，梦想，
> 　　　爱情，纯洁……

4) 어휘 용법 학습

제시한 단어로 질문하고, 대답하고, 문장을 만들고, 대화를 하는 등의 실제 활용을 통해 단어의 용법을 파악하게 하는 교수 방법이다.

(1) 모방해서 문장 만들기

제시해준 지정 단어와 모범 예문을 참고하여 중국어 문장을 만들어 보게 한다. 이 연습의 목적은 학생이 많은 모방 연습을 통해 단어의 용법을 익히는 데 있다. 수업 시작 전 교사는 제시할 단어와 예문을 판서하거나 OHP를 준비하여 교실에서 학생들이 구두로 연습할 수 있도록 한다.

'对……进行'를 이용해서 문장 만들기

예문: 对这次事故的原因，我们还要进行调查。

(1) 讨论　　　　　　　　这个问题
(2) 检查　　　　　　　　这项工作
(3) 纠正　　　　　　　　工作中出现的错误
(4) 考虑　　　　　　　　报名的人

(2) 주어진 단어로 대답하기

교사는 실제 상황에 맞게 질문하고 학생은 교사가 제시한 단어나 숙어를 사용하여 대답한다. 이러한 연습 목적은 문장 속에서 단어의 의미와 용법을 이해하고 정확하게 활용하여 순발력 있게 반응하는 능력을 배양시키는 데 있다. 또한 학생으로 하여금 어느 정도 독립적으로 사고할 수 있도록 도와주는 역할을 한다.

(1) 你什么时候回老家? (打算)
(2) 来中国已经半年了，你对中国的印象怎么样? (觉得)
(3) 你爱听京戏吗? (兴趣)

(3) 주어진 단어로 묻고 답하기

교사가 제시한 단어로 학생들 간에 서로 묻고 답하도록 한다. 이런 연습은 단어의 용법을 깊이 있게 이해하는 데 효과적이다. 다음의 주어진 단어로 서로 질문하고 답하게 한다.

想	满意	来得及
有空	同意	出租汽车

(4) 작문하기

제시된 단어로 문장을 만들어 보게 하는 연습이다. 작문은 어휘 연습의 기초이다. 학생이 배운 단어를 활용해서 정확하게 문장을 만들 수 있다는 것은 그 단어의 의미와 용법을 제대로 이해하고 있다는 것을 나타낸다. 그러나 작문은 진행하기에 비교적 어려운 수업 방법으로 그 주요 원인은 다음과 같다. 작문 수업은 학생의 높은 적극성을 필요로 하며 그들이 구사한 문장에 자주 오류가 나타날 수 있다. 어떤 오류는 교사가 한번에 알아차려 수정해 줄 수 있지만 어떤 오류는 짧은 시간 내에 명확하게 수정하거나 설명하기가 어렵다. 수정을 해주는 가운데 오류 문제를 완전히 해결할 수 없어서 시간을 낭비할 수 있고 수정을 해주지 않는다면 학생의 틀린 부분을 지나쳐 버리는 결과가 되어버린다.

낱말을 구사해 문장을 만드는 것은 복잡한 사유 과정을 거쳐야 하는 일이다. 반응이 빠르고 적응 능력이 높은 학생은 매우 쉽게 문장을 만들어낼 것이다. 반면에 소극적이고 부끄러움이 많은 학생은 작문 수업을 시간이 잘 안가고 재미없는 수업이라고 생각할 것이다. 그들은 긴장하고 당황할 것이며 또한 나머지 학생들도 이런 교실 분위기에 대해 불편하게 느낄 것이다.

이상으로 살펴볼 때 교실에서 문장을 만드는 연습은 교사가 학생에게 쉽게 모방할 수 있는 사고와 문장을 잘 제시해 주어야 한다는 것이다. 너무 많은 시간을 소비하게 해서는 안된다. 작문 연습 시 교사가 제시해야 할 주요 방법에는 다음의 몇 가지가 있다.

① 상황 설정

'看样子'로 문장 만들기

교사: 看他像是个汉族人，你对他说。
학생: 看样子，你是汉族人，对吗?
교사: 你看天阴得很厉害，像是要下雨。
학생: 天阴得很厉害，看样子要下雨了。

② 단어 제시

'……受……欢迎……，尤其……'로 문장 만들기

교사: 这种衣服
학생: 这种衣服很受顾客的欢迎，尤其是青年人。
교사: 这本书
학생: 这本书很受学生们的欢迎，尤其是大学生。
교사: 这个电影
학생: 这个电影很受观众的欢迎，尤其是工人。

③ 그림 활용

'有的……，有的……'로 문장 만들기

교사:（出示图片：很多人在操场上锻炼身体）
학생: 操场上有很多人，有的跑步，有的打太极拳。

교사 : (出示图片 : 阅览室里有很多人)
학생 : 阅览室里有很多人，有的看书，有的做练习。

　물론 정해주는 단어 없이 학생들로 하여금 자유롭게 문장을 만들어 보게 할 수 있다. 어떤 방법을 사용하든지 학생의 수준과 능력, 그리고 가르칠 단어의 난이도에 따라 결정해야 한다. 또한 복습을 할 때에는 학생이 이미 단어의 기본적인 의미와 용법을 이해하고 있으므로 자유롭게 문장을 만들어 보게 해도 무방하다. 그러나 비교적 습득하기 어려운 새 단어의 경우에는 먼저 교사가 모범 예문을 사용하여 학생으로 하여금 질문에 답하게 하거나 주어진 단어에 맞게 문장을 만들어 보게 하는 방법이 바람직하다. 그리고 충분한 시간이 흐른 뒤에 자유롭게 문장을 만들어 보게 한다. 그렇지 않다면, 학생들은 정확하고 완전한 문장을 만들어 내기가 어려울 것이다.

5) 구문 확장 연습

　동사 뒤에 놓이는 동태조사 '了, 着, 过' 또는 전치사, 구조 조사, 부정사, 수량사 등 두 개 이상의 형태소를 결합하여 구문 확장 연습을 진행한다. 중국어의 품사는 형태 변화가 없기에 단어, 구절, 문장의 구조와 규칙은 일정하다. 그러므로 구문 확장을 이용한 연습 방법을 통해 학생은 관련 단어의 결합 방식과 용법을 보다 쉽게 이해할 수 있다.

　'洗澡'를 다음과 같이 확장할 수 있다.

洗澡了 / 洗了澡 / 洗着澡 / 洗过澡 / 洗了(过)一次澡 /
洗没洗澡 / 洗澡洗得很快

　'毕业'를 가르칠 때 교사는 우선 '毕业'를 이용하여 구문을 만들어 볼 수 있다.

> 毕没毕业 / 毕业了 / 毕了业了 / 大学毕业了 / 什么时候毕业 /
> 毕业三年了

앞의 구문 확장 연습을 복습한 후 다음의 질문에 답하게 한다.

> 你大学毕没毕业?
> 你大学毕业了吗?
> 你是什么时候中学毕业的?
> 你毕业几年了?

　이런 구문 확장 연습은 특히 '洗澡, 起床, 睡觉, 见面, 毕业, 跑步, 散步'와 같은 이합사(离合词)를 학습할 때 활용할 수 있다. 그것은 이런 단어들은 서로 분리될 수도 다시 합쳐질 수도 있다. 합치면 하나의 단어로, 분리되면 절이나 구가 될 수 있다. 이 단어들의 두 형태소는 동목관계로 그 중간에 다른 성분을 첨가할 수 있다. 일반적으로 학생들은 이런 이합 동사와 기타 동사와의 특징을 명확하게 구분하지 못해 다음과 같은 오류가 자주 나타난다.

> 我今天洗澡了两次。(X)
> 他每天起床了就去跑步。(X)

(1) 언어 환경에 맞게 대화하기

　몇 개의 단어를 제시하고 그 단어들을 활용할 수 있는 구체적인 언어
환경을 설정하여 학생으로 하여금 그에 맞게 대화를 진행하도록 한다. 교
사는 제시어를 판서하고 제한된 언어 환경을 구체적으로 설명해 주면 학
생들은 규정된 역할을 정해 대화를 진행한다.

> 언어환경: 你的同学 X X X 好几天没来上课了，有一天，
> 　　　　　你在食堂遇到了他。
> (对话时注意用上以下词语：怎么了，感冒，休息，影响学习，
> 　别担心，建议，最好，锻炼)

(2) 주어진 단어로 말하기

　먼저 이야기를 2~3번 반복해서 들려준 뒤에 학생으로 하여금 주어진
단어를 이용해 이야기의 줄거리를 말하게 한다. 이 연습의 목적은 학생의
언어 표현 능력을 향상시키는 데 있다.

(3) 관련 단어 채우기

　주어진 관련 단어로 빈칸을 채우게 한다. 이 연습의 목적은 문장 속에
나타난 관련 단어의 역할과 용법 및 문장과 문장과의 연결 관계를 이해하
는 데 있다. 연습 전에 교사는 단문을 판서한다.

> 　　我爸爸是武术教师，总想让我也学武术。__不能他喜欢什么，
> 我__喜欢什么啊! __我很生气。有时不高兴__几个月不跟他谈
> 话。__每到星期天或放假的时候，爸爸跟我下棋时，我倒觉得他
> 特别好。

(但是，也 / 就，所以，就，不过)

4. 어휘 축적하기

교사는 평상시 교실에서 어휘를 가르치는 것 이외에 학생이 배운 단어를 기억하고 공고히 하도록 하며 나아가 다양한 교수법을 개발하여 그들이 어휘력을 향상시킬 수 있도록 끊임없이 도와주어야 한다. 단어를 축적시켜주는 방법에는 주로 다음의 몇 가지가 있다.

1) 동일한 형태소 활용

여러 개의 단어 결합이 가능한 형태소의 경우, 과거에 배운 형태소와 연결할 수 있고 또한 동일한 형태소를 지닌 단어로 확장해 나갈 수 있다. 이런 방법은 학생이 형태소의 의미를 이해함으로써 새 단어의 의미까지도 유추해 내는 능력을 배양시킨다. 이를 테면 '整年'을 가르칠 때 형태소 '整'의 의미를 설명한 후 '整月, 整天, 整日'로 확장해서 설명하면 그 내포된 의미를 쉽게 이해할 수 있다. 또한 '亲眼'는 '亲口, 亲身, 亲自, 亲笔, 亲耳' 등을 동시에 가르칠 수 있다. 이처럼 동일 형태소를 이용한 어휘 지도 방법은 한번에 많은 단어를 습득할 수 있게 한다.

2) 배운 형태소로 새 단어 확장

배운 두 개의 형태소를 이용해 새 단어를 만든다. 이러한 방법은 학생으로 하여금 단어 암기에 대한 부담을 덜어 주고 효과적으로 어휘력을 풍부하게 할 수 있으며 형태소의 의미를 더욱 깊이 있게 이해시킬 수 있다. 물론 이러한 확장은 마구잡이식으로 하는 것이 아니라 학생이 쉽게 받아들일 수 있는 상용 어휘여야 한다. 이를 테면 학생이 '药片儿'을 배운 후에 '气水儿'를 배웠다면, 교사는 이 두 단어를 결합해서 나온 새 단어 '药水儿'를 제시해 줄 수 있다. 또한 학생이 '开'를 배운 뒤에 '关'을 배웠다면, 이 두 단어를 결합한 '开关'를 가르쳐 줄 수 있다.

3) 동일 형태소로 귀납

배운 내용에서 한 단어의 형태소와 관련된 단어들을 말하게 한다. 많이 말하게 할수록 좋다. 이것은 단어를 복습하는 데 효과적이고, 배운 어휘 지식을 공고히 하며 중국어의 단어 결합 구조를 이해하는 데 도움이 된다.

> 교사 : 学
> 학생 : 学习, 学生, 学校, 同学, 大学, 中学, 小学, 学院,
>   上学, 放学, 学期, 自学, 留学生……
> 교사 : 票
> 학생 : 电影票, 火车票, 机票, 月票, 饭票, 门票……

4) 추가법(附加法)을 사용한 추측

학생이 일정 기간 동안 기초 어휘를 학습한 후 교사는 형태소를 추가함으로써 새로운 단어를 유추하고 도출해 내게 할 수 있다. 중국어에는 형태변화가 없지만 유사한 형태의 형태소들이 존재한다는 것을 명확하게 설명해 주어야 한다. 이를 테면 접두사 '阿, 老, 小', 와 접미사 '子, 儿, 头, 家, 者, 员, 手, 性, 度' 등은 명사로 간주할 수 있다. 접미사 '化'은 동사이자 명사로 쓰인다. 이로 인해 학생은 서서히 중국어의 단어 결합 규칙을 파악하고 단어마다 지니고 있는 고유의 성질을 이해할 수 있게 된다.

5) 의미별 분류

교사는 기회가 생길 때마다 이미 배운 단어와 비슷한 의미를 지닌 단어를 유추하고 도출해 내게 함으로써 학생으로 하여금 어휘를 오래 기억할 수 있도록 도와주어야 한다. 가령, '动物'이라는 단어를 학습한다면 학생이 예전에 배웠던 모든 동물명(马, 牛, 羊, 狗, 蛇)을 말할 수 있도록 한다. '端午节'라는 단어를 가르칠 때 학생에게 중국의 명절에 관한 명칭을 상기시켜 주어 '春节, 中秋节, 元宵节, 新年, 五一劳动节' 등의 어휘를 복습할 수 있게 한다. 그리하여 의미상 서로 관련된 단어에 대한 기억력을 한층 강화시킬 수 있다.

6) 품사별 분류

서로 다른 단어를 품사별로 구분하여 그 문법적 특징과 역할을 도출해 낸다. 학생이 이미 어느 정도 어휘력이 풍부하다면 교사는 그들이 단어를 동사, 명사, 형용사, 수량사, 부사, 접속사 등으로 분류해 내어 그 문법적 특징을 끌어낼 수 있도록 도와준다. 예를 들어 중국어의 형용사는 be동사 없이 바로 술어 역할을 한다. 부사는 부사어 역할을 하며 주어 뒤와 동사 앞에 놓인다. 따라서 학생은 중국어의 품사, 문법 특징 및 기능에 대해 종합적으로 이해할 수 있게 된다.

7) 반복하기

교사는 학생들에게 이미 배운 단어에 대해 끊임없이 복습할 기회를 제공해 주어야 한다. 어휘 수업을 진행할 때 그날 배운 단어는 그날 바로 익히고 연습시킨다. 그러나 교실에서의 시간적 제한으로 인해 단 한번의 연습으로는 학생의 어휘력을 풍부하게 만들 수 없다. 따라서 학생에게 교실 활동 이외의 숙제를 부여함으로써 그 부족한 부분을 보충할 수 있도록 한다. 또한 교재를 3과에서 5과 정도를 마친 후에는 매번 수시 평가를 실시하고 10과까지 마친 후에는 종합 평가를 실시하여 학생이 어휘를 충분히 이해하고 습득했는가를 평가해 주어야 한다. 이런 반복 학습은 학생의 단어에 대한 기억력을 강화시켜 주고 어휘력을 풍부하게 만드는 데 효과적이다.

요약 정리

학생의 언어 실력을 향상시키기 위해서는 어휘를 잘 가르치는 것이 매우 중요하다. 중국어 어휘 교수법에는 어휘 제시 방법, 어휘 설명 지도 방법, 실제 어휘 지도, 어휘 축적하기 등이 있다. 이미 배운 단어로 새 단어의 의미를 설명하는 것은 모국어로 번역해 주는 식의 한계를 극복한다. 또한 정확하게 어휘의 의미를 해석하고 학생의 적극적인 참여를 유도하여 중국어 표현 능력을 한층 향상시킬 수 있다. 나아가 이미 배운 단어에 대한 복습 효과도 기대할 수 있으므로 가능한 한 이러한 방법을 활용하여 새 단어를 설명하는 것이 바람직하다. 예문을 통해 새 단어의 의미를 이해시킬 때 반드시 학생의 친숙한 실제 상황과 관련이 있어야 한다. 이러한 방식으로 설명을 하면 학생은 중국어에 쉽게 다가갈 수 있고 유용하다고 생각하여 그들의 호기심을 자극할 수 있다. 이런 방법을 문법 수업, 읽기 수업, 말하기 수업에서도 활용할 수 있다.

문답법은 매우 실용적인 교수 방법으로 중국어 어휘 수업에서 많이 사용되고 있다. 특히 교사가 학생과 함께 생각하고 정리함으로써 교실 수업에서 정서적 유대감과 중국어 의사소통능력을 함께 발달시킬 수 있는 좋은 교수법이다. 교사는 평소 교실에서 어휘를 가르치는 것 이외에 학생으로 하여금 배운 단어를 기억하고 공고히 하도록 해주어야 하며 다양하고 참신한 어휘 교수법을 끊임없이 개발하여 학생들의 어휘력을 향상시킬 수 있도록 도와주어야 한다.

말하기 교수법

제3장 말하기 교수법

중국어 말하기 지도는 주로 두 가지 수업 형태에서 진행되는데, 하나는 독해 수업에서이고, 다른 하나는 전문적으로 개설된 말하기 수업에서이다. 본 장에서 주로 다루고자 하는 것은 물론 후자이지만 여기서 언급되는 말하기 교수법은 다른 영역, 특히 읽기 지도에서도 활용할 수 있다. 일반적으로 회화 교재는 중국 문화 엿보기를 포함한 새 단어, 본문, 문법 해설 등을 소개하고 있다. 본문 내용을 공부하기에 앞서 새 단어를 미리 익힘으로써 본문 내용을 학습하고 문법 연습 문제를 푸는 데 어려움을 던다. 이러한 항목의 지도 방법에 관해서는 제2장 어휘 교수법과 제4장 문법 교수법에서 소개된 관련 내용을 참조할 수 있다. 말하기 수업에서 어휘 학습은 담화를 통해 학생들로 하여금 어휘의 용법을 자연스럽게 터득하고 난 후 차츰차츰 본문 내용 학습으로 옮겨가도록 한다. 본 장에서는 먼저 교재를 활용한 수업 진행 방식과 본문 연습 방법을 다룬 후 말하기 능력을 배양시키는 지도 방법에 대해 살펴보도록 하겠다.

1. 교재 학습 단계

1) 본문 학습

말하기 수업에서 본문을 잘 학습하는 것은 중요하다. 교사는 학습할 내용과 학생의 실제 수준에 따라 적절히 선택해서 활용할 수 있다. 먼저 본문 내용을 숙지시키고 이를 토대로 문장 암기, 회화 연습, 문장 확장 연습 등을 통해 최종적으로 학생들의 말하기 능력을 함양시켜 준다. 교사는 본문의 대화 내용을 두세 번 반복해서 읽어 준다. 대화 내용이 길면 나누어 읽는다. 그리고 본문의 주요 단어를 판서하여 학생들로 하여금 중국어 단어에 익숙해져서 오래 기억할 수 있도록 도와준다. 또한 학생과 함께 본문의 대화를 연습함으로써 본문 내용을 자연스럽게 파악하도록 한다. 둘씩 짝을 지어 본문의 대화를 연습하게 하고 교사는 돌아다니며 지도한다. 이는 중국어 학습에 어려움을 겪는 학생들을 개별적으로 지도해줌으로써 그들의 문제를 해결해 줄 수 있다. 본문 내용에 어느 정도 익숙해지면 각자 돌아가며 연습한 대화 내용을 발표하게 한다. 교사는 학생들이 보편적으로 겪는 문제 다시 말해 발음, 성조, 억양 그리고 문법상의 오류 등을 수정해 준다.

본문 학습을 모두 마친 후에는 문장 확장 연습과 상황별 회화 연습을 진행한다. 이러한 본문을 통한 수업 방법의 장점은 교실에서 진행하기에 편리하고 목표했던 연습에 집중할 수 있다는 것이다. 이 지도 방법은 학생들이 예습을 잘 해온다면 교실에서 좀 더 빠르게 진행할 수 있고 시간이 충분하다면 실제와 유사한 상황별 회화 연습으로 확장해 나갈 수 있다. 그리고 본문을 바로 학습하지 말고 우선 숙지해야 할 새 단어, 문법 항목 배경지식 위주로 본문과 관련된 짧은 대화를 가지고 연습한 후에 본격적으로 본문 학습으로 들어간다. 이 수업 방법의 진행 순서로 보아 새 단어를 주제 배열법이나 연관 배열법으로 다시 나열할 수 있다. (제2장 어휘 교수법의 제2절을 참조) 교사는 하나의 주제나 상황을 설정하여 학생에게 질문하고 오답에 대해 수정을 해준다. 예를 들면 다음과 같이 '길 묻기'에 관한 대화를 유도할 수 있다.

A: 请问，去友谊商店怎么坐车？
B: 在校门口坐375到西直门，然后换地铁。
A: 在哪儿下车？
B: 到建国门站下车。
A: 麻烦您了。
B: 不客气。

실제 상황(북경에서의 경우)에서 대화를 유도해내는 과정은 다음과 같다.

교 사: 请问，去友谊商店怎么坐车？
학생1: 老师，我还没去过友谊商店呢。
교 사: (对学生2) 请问，去友谊商店怎么坐车？
학생2: 坐375到西直门，再换地铁。
교 사: 在哪儿开始坐车？
학생2: 在校门口儿坐车。
교 사: 很好。请你再说一遍。
학생2: 在校门口儿坐375到西直门，再换地铁。
교 사: 好。在校门口儿坐375到西直门，然后换地铁。
　　　　在哪儿下车？

학생 : 在建国门站下车。
교사 : 麻烦您了。
학생 : 不客气!
교사 : (对学生1) 请问，去友谊商店怎么坐车?
학생 : 在校门口儿坐375到西直门，然后换地铁。

이러한 방법을 통해 본문에서 학습할 언어 항목들을 미리 숙지한 후에 다시 본문 내용을 여러 번 연습한다. 상황을 설정하기 위해 교사는 미리 칠판에 그림을 그리거나 주요 단어를 제시해 준다. 교사가 칠판에 학교에서 목적지까지의 동선을 미리 그려준다면 더욱 효과적이다. 이 수업 방법의 장점은 본문의 언어 항목들을 부각시켜 충분한 연습을 진행함으로써 실제 상황에 쉽게 적용시킬 수 있다는 것이다. 단점은 대화를 연습할 때, 시간이 많이 소모되고 일부 언어 항목들을 도입하기에 어려운 점이 있다.

2) 교재 학습 활동

교재 학습을 모두 마친 후에는 일반적으로 교재 내용과 관련된 주제로 말하기 연습을 진행한다. 여기에는 주로 인물 교체 연습과 상황 교체 연습 등이 포함된다.

(1) 인물 교체 연습

본문 내용을 학습한 후에 본문 속에서 등장인물을 골라 역할을 나누어 본문 대화를 자기 말로 바꿔 말하는 연습을 한다. 학생이 기본적으로 본문 내용과 제시된 상황을 이해했다면 교사는 학습할 언어 항목들을 사용하여 새로운 인물로 재설정할 수 있다. 예를 들어 본문에 나오는 인물 가운데 한 청년이 노인에게 길을 묻는 상황이나 지나가는 꼬마에게 길을 묻는 상황을 연출할 수 있다.

一个青年：请问，去友谊商店怎么坐车？
一个老人：坐375路汽车到西直门，然后换地铁。
一个青年：在哪儿下车？
一个老人：到建国门站下车。
一个青年：谢谢！
一个老人：不谢。

(2) 상황 교체 연습

교사는 학습할 언어 항목들을 사용하여 새로운 주제를 설정하고 몇 개의 그룹으로 나누어 연습하게 한다. 위에서 언급된 대화 상황을 연습한 후 다른 목적지를 설정할 수 있다. 예를 들어 우정호텔, 이화원 등으로 바꿔가며 교체 연습을 진행하거나 구성원 각자의 생활 속에서 필요한 요소들을 찾아내어 담화 연습을 진행한다. 이는 교재 학습의 마지막 단계이다.

(在一个自由市场里)

卖水果的人：您要什么？
一 个 学 生：我要苹果，多少钱一斤？
卖水果的人：三块五(毛)。
一 个 学 生：甜不甜？
卖水果的人：您尝一尝，您要多少？
一 个 学 生：我要两斤。
卖水果的人：还要别的吗？
一 个 学 生：不要了。

（在一个饭店里）

服 务 员：这是菜单，请点菜。
一 个 人：来一个鱼香肉丝，一个麻婆豆腐，再来一碗米饭。
服 务 员：您喝什么饮料。
一 个 人：来一壶茶。
服 务 员：请稍等。
⋮
一 个 人：小姐，结账。
服 务 员：一共六十五块。
一 个 人：这个菜打包。
服 务 员：行。

2. 초급 문답 지도

인간의 가장 기본적 교류 방식인 문답은 말하기 수업에서도 좋은 지도 방법이 될 수 있다. 문답 연습 시에는 학생의 성격, 취미, 전공 그리고 일상생활에 대한 이해가 선행되어야 하고 질문 내용은 친근하고도 실질적인 것이어야 흥미를 느끼게 할 수 있다. 학생의 사적인 일이나 대답하기 곤란한 질문은 피하는 것이 좋다. 그리하여 학생으로 하여금 사생활을 묻는 것이 아니라 교사와 함께 말하기 연습을 하고 있다는 느낌을 주어야 거부감 없이 참여시킬 수 있다. 성공적인 대화 연습은 교사와 학생, 학생과 학생 간의 언어 교류와 사고 교류를 포함한 정서적 교류를 증진시키는 데 있다. 여기서 중요한 것은 단순히 시험 성적을 올리기 위한 도구적 동기를 넘어 중국어와 중국인에 대한 호기심, 교사에 대한 호감 등에서 비롯된 통합적 동기가 수반되어야 언어 교육에 큰 효과를 볼 수 있다. 또한 교사는 학생들을 긍정적으로 평가하고 격려해 주며 그들의 문제를 함께 고민해 줄 수 있어야 한다.

1) 질문 연습

　질문하는 능력은 상호교류에 있어 가장 기본적인 능력 중 하나이다. 그러나 중국어의 질문 방식, 특히 의문대명사를 이용한 의문문은 비교적 복잡하여 어느 정도 중국어를 학습했음에도 불구하고 여전히 중국어 표현 및 질문 능력이 부족한 학생이 있다. 그리하여 말하기 수업에서는 질문하는 능력을 높이는 연습이 필요하다. 질문 능력을 배양시키기 위해서 가장 많이 사용하는 방법으로는 주어진 질문으로 연습하기와 자유롭게 질문하기가 있다. 이때 본문 내용을 위주로 진행할 수 있고 본문에서 벗어난 내용으로도 진행할 수 있다.

(1) 주어진 질문으로 연습하기

　교사가 정해주는 항목에서 학생이 선택해 질문하게 한다. 예를 들어 초급 수준에서는 이름, 나이, 직업, 가족, 거주지, 전화번호, 전공, 가격, 날짜, 시간 등을 묻는 연습을 한다. 중급 수준에서는 운동 및 취미, 개인적 느낌, 친구를 선택하는 기준, 어떤 지역의 풍습, 어떤 일이나 사람에 대한 관점 등을 묻는 연습을 한다. 먼저 교사가 한 학생에게 묻는다.

상황 1: 처음 만났을 때 이름과 주소 묻기

교사 : 你好。
학생 : 你好。
교사 : 请问，你叫什么名字?
학생 : 我叫金哲洙。

> 교사 : 你住哪儿?
> 학생 : 我住大学路。

대집단 활동으로 A는 B에게 B는 C에게 C는 D에게 묻는다. 또는 짝 활동으로 두 사람을 A, B로 나누어 서로 묻고 답하게 한다.

상황 2: 가족, 나이, 날짜와 요일, 시간, 휴대폰 번호 묻기

> A: 你家有几口人?
> B: 我家有三口人。哥哥吗?
> C: 没有。你今年多大了?
> D: 我今年十九岁了。今天几号?
> E: 今天十二月二十三号。今天星期几?
> F: 今天星期五。你几点回家?
> G: 我下午六点半回家? 你的手机号码是多少?
> H: 我的手机号码是010-3125-9768。

(2) 자유롭게 질문하기

학생이 흥미를 느끼는 주제로 질문 연습을 진행한다. 이런 연습은 초급 수준뿐 아니라 중·고급 수준에서도 더 많이 활용될 수 있다. 또한 말하기 수업에서 주요 내용에 관한 학습이 끝난 후 짧은 시간을 이용해 진행하거나 학생의 수준이 일정한 수준에 도달하면 1~2차시 정도 집중적으로 진행할 수 있다. 학생들은 교사에게 개인적인 질문을 하고 싶어도 그것이 수업 내용과 관련이 없으면 정서적으로 교류할 기회를 얻지 못한다. 그러므로 말하기 수업에서 학생에게 일정한 시간을 할애하여 자유롭게 질문할 수 있도록 한다. 자유질문은 학생이 교사에게 혹은 학생이 학생에게 할 수 있다.

● 질문의 순서

첫째, 수업 시작 전이나 수업 마무리 단계의 10~20분 정도의 시간을
　　　이용하여 학생들로 하여금 각자 관심 있는 주제에 대해 교사에게
　　　한 두개의 질문을 하게 한다.
둘째, 교사는 학생들의 질문에 간단하게 대답한다.

이 연습의 장점은 질문의 대부분이 학생이 평소 홍미를 느끼거나 학습 시
이해하기 어려웠던 문제에 관한 것이라는 데 있다. 교사의 대답과 설명을
통해 학생은 만족감을 얻기 때문에 한층 즐겁고 활기찬 교실 분위기를 형성
할 수 있다. 단점은 교사가 답변하고 설명하는 데 비교적 많은 시간이 소요
된다. 그러나 학생의 듣고 말하기 능력을 향상시키는 데 도움이 될 것이다.

2) 상황별 문답 연습

하나의 상황(情景)과 언어 항목들을 지정해 주어 실제 상황에 근거하
여 대화를 하게 하는 지도 방법이다. 특히 초급 수준의 학생이 갖고 있는
언어 요소는 극히 제한적이기 때문에 상황을 제시해 주지 않으면 간단한
말만 하게 된다. 학생들이 은행, 호텔, 미용실, 음식점, 버스역 등에 도착
했을 때, 의사소통하는 데 필요한 실질적인 표현들을 자유롭게 구사하기
란 어렵다. 그러므로 상황에 필요한 언어 항목을 어느 정도 제시해 주고
연습시키는 것이 필요하다. 예를 들어 학생 기숙사 안의 형광등이 고장이
났거나 난방 기구에 물이 세거나 화장실이 막혔을 때 어떻게 사람을 불러
수리하는가. 또한 학생이 시장에 가서 과일이나 물건을 살 때 가격을 묻
는 것 이외에 어떻게 값을 홍정할지 등의 표현들도 가르쳐 주어야 한다.
말하기 수업에서 학생으로 하여금 상황별 표현들을 습득시켜야 실용적
인 언어 항목을 활용하여 정확하고 유창한 의사소통이 가능하게 된다. 이
런 상황별 문답 연습은 말하기 수업에서 학생의 상용어나 배운 언어 항목

을 활용하는 능력을 배양시키기 위해 많이 사용된다.

예문 1

> 교사 : 你的宿舍灯坏了，你要打电话找工人来修理，怎么说?
>
> 학생 : 劳驾，我宿舍的灯坏了，请马上来修理一下，好吗?
>   我住306号房间。

예문 2

> 교사 : 你买了一双鞋，但是穿着不合适，或者有毛病，你想把它
>   退给商店，怎么说?
>
> 학생 : 对不起，这双鞋我穿着有点儿小，我想退了，可以吗?

예문 3

> 교사 : 你想吃煎饼，可是吃不惯香菜，对服务员怎么说?
>
> 학생 : 小姐，请别放香菜。(不要香菜。)

예문 4

> 교사 : 半个小时已经过去了，你的菜还没上来，而且你
>   有急事。你该怎么说?
>
> 학생 : 我的菜还没上，能快点儿吗?

교사가 상황을 제시해 주어도 학생은 어떻게 말해야 할지 몰라 당황할 수 있다. 이때 '能不能便宜一点儿。', '我想/要退了。', '能不能修一下。' 등의 상용 예문들을 판서하여 자연스럽게 습득하도록 한다. 이는 학생들이 배우고 싶어 하는 유용한 표현들이다. 교사가 상황을 제시해 주면 학생은 그 상황에 맞게 역할을 맡아 각자 돌아가며 묻고 답하는 간단한 대화를 진행한다. 예를 들어 교사가 다음과 같은 상황을 제시하고 두 학생에게 대화를 만들어 보게 한다.

상황 : 재래시장에서 을은 옷을 팔고 있다. 갑은 아주 예쁜 옷을 발견하여 사고 싶었으나 너무 비싸다고 생각한다. 가격을 흥정한 끝에 갑은 옷을 샀다.

甲：　这件衣服多少钱?
乙：　一百五。
甲：　太贵了，能不能便宜一点儿?
乙：　你给多少钱?
甲：　一百三，行吗?
乙：　不行，这太少了，一百四，怎么样?
甲：　好吧，我就买这件。

3) 카드로 상황 제시하기

카드를 사용해 대화 상황을 제시해 주는 방법이다. 학생은 카드에 적힌 상황에 맞게 묻고 답하는 연습을 진행한다. 카드에 A와 B가 묻고 답해야 하는 언어 항목을 명시한다. 예를 들어 아래 두 장의 카드가 있는데 하나는 전화를 거는 대화 상황으로 문답 연습을 진행하게 한다.

A	B
给B打电话约他看京剧	A의 전화를 받는다.
京剧名字：　《霸王别姬》	要问：　什么事?
地点：　　人民剧场	什么京剧?
时间：　　晚上七点	几点开演?

集合地点：　清华大学南门	几点出发？ 在哪儿见面？

학생들은 카드 내용에 따라 회화를 연습한다. 제시된 내용에 대한 말하기가 익숙해지면 주제를 바꾸어 연습할 수 있다. 가령, 친구를 자신의 생일파티에 초대하는 내용으로 바꿔 연습할 수 있다.

A	B
给B打电话邀请参加生日晚会 地点　A的家 日子　这个星期六 时间　下午六点	A의 전화를 받는다. 要问　什么事？ 什么时候？ 几点开生日晚会？ 哪些人参加？

4) 역할극

말하기 수업에서의 역할극(表演)의 목적은 말하기 능력을 배양하는 데 있다. 너무 높은 수준의 회화 능력을 요구하는 것이 아니기 때문에 모든 학생을 참여시킬 수 있다. 역할극과 문답 연습의 차이를 살펴보면 역할극은 대사와 동작(손짓, 몸짓, 얼굴 표정 등)의 결합이라는 데 있다. 역할극은 단어와 문장을 암기하는 데 도움을 주기 때문에 배운 언어 항목을 실제 의사소통 시에 적절히 적용할 수 있다. 나아가 학생으로 하여금 중국어로 사고하고 적극적으로 언어 요소를 습득하여 언어 활용 능력을 배양시키는 살아있는 지도 방법이다.

● 역할극의 순서
1. 준비 : 역할을 나누기, 교구 준비, 동작 제시 등.

2. 진　행 : 각자 맡은 역할에 따라 무대에 올라 연극을 한다. 학생이 긴
　　　　　장하여 대사를 잊어 버렸을 경우 교사가 옆에서 알려줄 수 있
　　　　　다. 한 조가 끝나면 다음 조가 이어서 진행한다.
3. 마무리 : 교사는 주요 언어 항목을 반복해서 강조하고 역할극을 격려
　　　　　해주며 말하기 오류가 발견되면 수정해 준다.

다음은 교사가 미리 준비한 역할극 주제이다.

역할극 : 괜찮으세요? (你哪儿受伤了?)

연습목적 : 1. 사과의 표현
　　　　　2. 학습 할 언어항목 '걸을 수 없다(走不了), 업을 수 없다
　　　　　(背不动), 늦었다(来不及)' 등 활용.

상황 : 학생A는 자전거를 타고 가는 사람, 학생B는 행인(학생B는 다소
　　　뚱뚱한 사람으로 가정한다)이다. 자전거를 타고 가던 A가 행인
　　　B와 부딪혔는데 그만 행인 B가 넘어져 다친다.

A: 实在对不起, 你怎么样了?

B: 哎呀, 我的腿大概被你撞坏了, 疼得很厉害, 哎呀。

A: 怎么办呢, 我送你去医院吧。

B: 我动不了, 也起不来。

A: 我把你扶起来, 背你上医院吧。

B: 好吧。

A: 哎呀, 你太重了, 我背不动呀。

B: 那怎么办呢? 哎呀, 快疼死了。你快叫一辆出租汽车吧,
　　要不, 我就要疼死了。

A: 好。我去叫。TAXI!

중급 수준에서는 두세 명씩 소집단으로 나누어 학생 스스로 극본을 만
들어 역할극을 진행할 수 있다. 역할극의 긍정적 효과는 학생들이 중국어

에 재미를 느끼며 동기 유발을 기대할 수 있다는 것이다. 무엇보다 언어의 실제 사용 기회를 가진다는 측면에서 언어 교육의 목적을 재확인하게 되고 학생들에게 자신감을 줄 수 있다.

3. 초급 말하기 지도

1) 그림 보고 말하기(看图说话)

다양한 그림을 이용하여 말하기 연습을 진행한다. 그림 보고 말하기는 회화 수업에서 비교적 생동적이고 직관적인 학습 방법이다. 지도, 인물 사진, 교통 표지판 등을 활용할 수 있다.

- 교통 표지판을 이용하여 길 묻기, 장소 묻기, 어느 곳에 무엇이 있는지 묻기.
- 지도를 이용하여 자신의 고향을 소개하기.
- 가족 사진을 이용하여 자신의 가족을 소개하기.
- 사진을 이용하여 자신의 중·고등학교 시절, 대학 시절, 혹은 자신의 학급 친구나 선생님 등을 소개하기.

초급 수준에서 그림 보고 말하기 연습은 본문 내용과 통합하여 진행할 수 있다. 연습 시 특히 주요 언어 항목인 방위사의 용법, 존현문 등에 유의한다.

예1: 그림을 보고 각자 한마디씩 말하기

교사는 여러 장의 영화배우 사진을 제시한다.(누구나 알 만한 배우로 정한다) 사진을 30초 정도 본 후 각자 한마디씩 말하되 다른 학생이 했던 말은 반복하지 않는다.

예 2 : 그림으로 자신의 고향을 소개하기

학생이 사전에 미리 준비해 오는 것이 가장 좋다. 모든 학생에게 소개하는데 2~3분의 시간을 준다. 학생이 소개할 때 교사는 고유명사들을 칠판에 적어 준다. 한 학생이 소개를 마치면 다른 학생들은 자신이 알아듣지 못한 내용이나 이해가 안되는 부분을 질문할 수 있다. 단 모든 학생이 질문하고 답할 수 있는 공평한 기회를 갖기 위하여 한 학생이 연이어 3번 이상 질문할 수 없도록 질문 횟수에 제한을 두는 것이 좋다.

2) 다시 말하기(复述)

다시 말하기는 주요 언어 항목을 활용하는 기계적인 지도 방법으로 듣고 다시 말하기 또는 읽고 다시 말하기로 나뉜다. 그리고 이야기의 줄거리가 있고 인물관계가 단순하며 새 단어가 적은 비교적 쉬운 구어체 문장이어야 한다. 효과적인 지도를 위해 학생의 수준에 따라 점차 난이도를 높인다. 다시 말하기의 목적은 듣고 읽은 후에 주요 언어 항목을 기억하고 정보를 받아들이며 그것을 자신의 말로 바꿔 표현할 수 있는 능력을 배양시키는 데 있다. 우선 학생으로 하여금 내용을 충분히 이해할 수 있도록 1~3번 정도 듣거나 읽게 한다. 그리고 교사는 주요 어휘와 문형을 칠판에 적어 주어 다시 말하기 연습을 수월하게 진행할 수 있도록 도와준다.

3) 구두로 묘사하기(口头描述)

　어떤 사물이나 어떤 일의 과정에 대해 구두로 묘사하게 한다. 묘사할 대상에는 외모, 복장, 기숙사, 학교 캠퍼스뿐만 아니라 행사, 경기, 여행 등도 포함될 수 있다. 적게는 한 문장 많게는 8~10문장을 말하게 함으로써 학생 모두에게 중국어로 말할 수 있는 기회를 제공해 준다. 만두 빚기의 과정을 예로 들어 보겠다. 이 연습 목적은 '把'자문을 이용해 말하기 연습을 진행하는 것이다. 이때 학생들이 예전에 만두를 빚어 보았거나 그 과정을 본 적이 있어야 한다. 또한 여러 가지의 소품과 함께 진행할 수 있는데 탁자나 책상을 도마, 작은 칼은 요리 칼, 휴지 조각은 만두 소, 종이 조각은 만두피, 연필은 젓가락으로 연출할 수 있다. 교사는 필요한 동사와 새 단어들을 판서할 수 있다. 가령, '파(葱), 생강(姜), 배추(白菜), 부추(韭菜), 조미료(味精), 소금(盐), 간장(酱油), 참기름(香油), 만두 소(馅), 밀가루(面粉)'등의 명사와 '잘게 다지다(绞), 반죽하다(搅拌), 짜다(挤). 비비다(搓), 얇게 밀다(擀), 건지다(捞)'등의 동사와 '把'자문 형식을 칠판에 적는다.

> 주어 + 把 + 목적어 + 동사 + 보어/목적어 + 了

　학생들에게 교사가 취하는 동작에 따라 묘사하거나 설명하도록 지시한다. 학생은 다음과 같은 문장을 말할 수 있다.

> 先把白菜洗一洗 / 洗干净。
> 把肉放进绞肉机里，绞成肉末。
> 把酱油，料酒放到肉末里，搅拌一下。
> 把白菜绞成白菜馅。把水挤出去。
> 把全部作料放在肉末里，搅拌一下。

把面粉加上水和好。

把面搓成小圆条。

用刀把他切成一节一节的。

把每一段都擀成小圆片。

用筷子把馅放在小圆片上。

用手把馅包起来。

把水倒进锅里烧开。

把包好的饺子放到锅里。

煮十分钟后把饺子捞出去。

해석

먼저 배추를 깨끗이 씻는다.

고기를 기계에 넣어 잘게 다진다.

다진 고기에 간장과 청주를 넣고 반죽한다.

배추를 다져서 배추소로 만든다. 배추 물을 짜낸다.

다진 고기에 모든 재료를 넣고 섞는다.

물에 밀가루를 붓고 잘 섞는다.

밀가루 반죽을 가래떡 모양으로 빚는다.

칼로 조금씩 잘라낸다.

잘라낸 부분을 만두피 모양으로 둥글게 민다.

젓가락으로 만두피 위에 만두소를 얹는다.

만두피로 만두소를 싼다.

냄비에 물을 붓고 끓인다.

끓는 물에 잘 빚은 만두를 넣는다.

10분간 끓인 후 잘 익은 만두를 꺼낸다.

마지막으로 학생으로 하여금 만두 빚기의 전 과정을 설명하게 함으로써 중국어 구사 능력을 배양시켜 준다.

4) 요약해서 말하기(概述)

본문을 읽거나 녹음 자료를 들은 후에 그 내용을 요약하여 말하게 한다. 요약해서 말하기는 요약 능력뿐만 아니라 보고 들은 것을 자기만의 언어로 바꿔 말하는 언어 표현 능력이 요구된다. 요약 내용은 학생이 예전에 읽었던 소설이나 보았던 영화 또는 직접 경험했던 일 등이 될 수 있다. 읽기 수업에서도 요약해서 말하기를 적용하여 학생의 중국어 표현 능력을 증진시킬 수 있다. 그러나 읽기 수업에서의 요약하기는 대부분 본문 내용을 바탕으로 진행하는 반면, 말하기 수업에서의 요약하기는 학생이 직접 보고 듣고 느낀 것에서 시작하며 읽기 수업에 비해 훨씬 실질적이고 생동적이다. 말하기 수업에서 요약하기는 학생 스스로가 중국어로 사고하고 계획하며 표현해야 함을 의미한다.

4. 중 · 고급 말하기 지도

중 · 고급 수준의 말하기 수업에서는 흔히 다음과 같은 학습 방법으로 진행될 수 있다.

1) 기자회견(记者招待会)
2) 조사와 보고(调查与报告)
3) 토론(讨论)
4) 구두로 작문하기(口头作文)
5) 강연(讲演)
6) 논쟁(辩论)

1) 기자회견

'뉴스 발표자'의 역할을 맡은 한 학생이 다른 학생들의 질문에 답변을 하는 연습이다. 기자회견(혹은 뉴스 방송)은 말하기 수업에서 질의응답을 통해 깊이 있는 중국어 표현을 익히기 위한 좋은 지도 방법이다. 또한 말할 기회가 많이 주어지고 다루는 문제도 광범위하여 흥미롭기 때문에 학생들에게 인기가 높다. 이 연습은 각 수준별로 사용할 수 있다. 가령, 초급 수준에서는 그림을 보고 말하기와 통합시켜 활용해 볼 수 있다. '뉴스 발표자'로 하여금 자신의 고향, 회사, 모교, 가족 등에 대해 소개한 후 '기자'들의 질문에 답하게 한다. 중급 수준에서는 유쾌했던 이브닝 파티나 여행 체험에 대해, 고급 수준에서는 국내외 토픽이나 화제 인물 등에 대해 소개해 보도록 할 수 있다.

2) 조사와 보고

교사가 하나 또는 여러 개의 조사 항목을 제시한다. 학생은 이를 통해 광범위한 사회를 접하고 시야를 넓혀 나간다. 학생은 교사의 지시에 따라 조사를 실시하고 말하기 수업 시간에 각자 조사해 온 결과를 구두로 발표한다. 수업시간에 중국어로 대화하고 질의를 하는 기회를 갖게 하고 다른 학생들에게 각자 조사한 결과 내용을 보고하도록 한다. 이런 말하기 수업 방식은 교실 활동과 실외 활동이 통합된 형태로 중·고급 수준에서 사용하기에 적합하다. 조사 항목은 학생의 회화 수준에 따라 쉬운 단계에서 어려운 단계로 난이도를 높여갈 수 있다.

● 조사와 보고의 순서

(1) 조사할 내용과 몇 가지의 제목을 제시해 주고 그 중에서 자유롭게 선택하게 한다.

(2) 조사할 때 사용하는 칭호와 겸양어를 소개한다. 가령, "向您打听一下。", "对不起，可以向你问个问题吗？", "向您请教一个问题，可以吗？", "打扰您了。", "谢谢您的帮助。", "给您添麻烦了。", "实在太感谢了。"

(3) 빠르고 편리하게 기록하기 위해 미리 조사할 대략적인 질문을 열거해 놓거나 조사표를 만들게 한다. (녹음기를 이용한다.)

(4) 조사보고회를 연다. 모든 학생이 조사 결과나 그 과정에 대해 발표한다.

(5) 기자회견을 열듯이 이해가 안되는 부분은 다른 학생들로 하여금 질문하게 한다.

(6) 교사는 학생들의 보고 내용을 종합해서 잘못된 부분을 수정해 준다.

3) 토론

교사의 지도하에 하나의 토픽을 중심으로 학생 각자의 생각을 발표하게 한다. 교실에서의 토론은 학생으로 하여금 중국어로 사고하며 자유롭게 자신의 생각을 전달하는 데 있어서 좋은 지도 방법이다. 토론 제목은 대다수의 학생이 공통적으로 관심을 갖고 흥미를 느끼는 것이어야 한다. 그 이유는 흥미를 느낄 때만이 비로소 발표나 질의를 하고 싶은 욕구가 생기기 때문이다. 토론의 목적은 중국어 말하기를 연습하고 향상시키는 데 있다. 그러므로 교사는 학생들의 토론 내용에 대해 어떠한 결론을 내릴 필요가 없으며 다만 문법상의 오류를 지적하는 데 초점을 맞춰야 한다. 토론 수업은 중·고급 수준의 학생들에게 적합하다. 토론의 순서는 다음과 같다.

(1) 준비하기

토론 제목을 정하기 위해 반 학생들의 의견을 모아 그들이 흥미를 느끼는 주제에 대해 알아본다. 토론 주제와 발표 시간이 확정되면, 학생들은 발표할 요약문과 원고를 준비한다. 교사는 학생들이 발표하기 전에 미리 상용 어휘와 문장 형식을 가르쳐 준다. 이를 테면 "我认为", "我对这个问题的看法是……", "我觉得……", "我同意／不同意这种看法／观点", "因为……所以……", "虽然……但是……", "无论……都……", "即使……也……"등이 있다.

(2) 토론하기

교사는 가능한 한 모든 학생들이 발표에 참여할 수 있도록 공평하게 기회를 제공한다. 단, 발표를 너무 많이 하는 학생에게는 적절한 제재를 가하고 부끄러움을 타는 학생에게는 격려로서 용기를 북돋아 주어야 한다. 발표자는 손동작이나 판서 및 그림 같은 교구 등의 보조 수단을 활용할 수 있다.

(3) 결론

공통적으로 자주 틀리는 발음, 억양, 문법 등을 수정해 주고 주요 문형에 대해 반복해서 설명해 준다.

4) 구두 작문

교사가 정해 주거나 각자 선택한 제목에 따라 작문을 하고 요약문을 발표한다. 구두로 작문하기(口头作文)는 학생의 중국어 표현 능력을 포함한 논리적 사고, 연상 기법, 문장 만들기 능력을 배양시키는 지도 방법이다. 말하기 교수법에서는 대체로 사실성에 치중하는 편이다. 그러나 교재 내용이 사실적이라 하더라도 학생으로 하여금 자신이 하고 싶은 말이나 교재에 언급되어 있지 않은 것을 첨가하여 구사할 수 있는 능력을 길러줘야 한다. 교사는 구두로 작문하는 방식을 통해 학생이 배운 언어 항목을 활용하여 적극적으로 자신의 생각과 느낌을 전달할 수 있도록 도와준다.

구두로 작문하기 순서를 살펴보면, 우선 교사가 학생의 회화 수준과 실제 학습 및 생활 상황에 따라 질문지를 만들어 제시하면 학생은 자유롭게 질문들 가운데 몇 가지를 선택한다. 교사는 작문에 필요한 어휘들을 알려준다. 학생에게 준비할 수 있는 충분한 시간을 주고 수업 시간에 발표하게 한다. (이때 그저 원고를 읽는 수준에 머물지 않게 한다.) 구두로 작문할 경우 한 학생이 발표할 때 다른 학생들로 하여금 경청하도록 한다. 활기찬 교실 분위기를 형성하기 위해 한 학생이 작문 발표를 마치면 다른 학생들은 그 작문 내용에 대한 질문을 할 수 있다. 발표자와 청중은 언어적으로나 정서적으로 서로 소통하게 된다.

교실에서 구두로 작문하기의 단점은 다소 일방적이라는 점이다. 어떤 학생은 미리 준비한 원고를 외워서 발표를 한다. 이런 방법은 학생에게 도움이 되지 않으며 어조도 부자연스러워지거나 표정 또한 굳어 버리게 된다. 훌륭한 발표란 발음이나 어조뿐 아니라 말이나 손짓, 표정까지 자연스러운 것을 의미한다. 그리하여 발표자와 청중이 자연스러운 의사소통을 할 수 있게 된다.

5) 강연

학생이 교실에서 하나의 주제에 대해 강연을 하는 방식이다. 구두로 작문하기는 인물과 환경 묘사, 이야기 줄거리 등 구어체로 이루어진다. 반면, 강연은 논점, 논거 그리고 사고의 논리성을 중시하는 논설체로 이루어진다. 이런 연습은 학생이 중국어로 사고하는 다시 말해 중국어로 판단하고 추리하며 귀납할 수 있는 능력을 발달시킨다. 강연 내용은 학생이 가장 관심을 갖고 흥미를 느낄만한 친숙한 주제로 선택한다. 크게는 세계 정세나 국제 문제에서 작게는 개인의 가정이나 사랑 문제 등에 이르기까지 강연의 주제가 되기에 충분하다.

- 인류가 직면하고 있는 환경 문제
- 국제 정세에 따른 새로운 발전 가능성
- 청소년 학교 폭력 문제
- 청소년 흡연 문제
- 우정과 사랑
- 한국의 교육 문제
- 성공을 위한 요소
- 중국어와 모국어 비교

6) 논쟁

말하기 수업에서의 논쟁은 의견이 분분해지기 쉬운 주제나 사회적 이슈로 진행함으로써 말하기 표현 능력과 듣기 능력, 그리고 다른 학생들 의견의 요지를 파악하고 순발력 있게 반응하는 능력을 배양시키는 교실 활동이다. 논쟁 수업은 비교적 고급 회화 수준의 학생들에게 적합하다. 논쟁 수업을 진행할 때 유의할 사항은 다음과 같다.

첫째, 명확한 학습 목표 설정이다.

학생이 논쟁을 준비하기에 앞서 매번 명확한 학습 목표를 설정한다. 이를 테면 어휘, 문법, 표현력(자기편에 유리하도록 이유를 어떻게 제시할 것인가, 어떻게 논쟁하고 설명하며 반박할 것인가) 등의 언어 항목들을 강조한다. 제목만 정하고 주요 언어 항목에 대한 제시가 없다면 쉬운 말만 사용하고 어렵고 복잡한 사고를 표현하는 문장은 회피하게 된다. 이런

식으로 계속 논쟁 수업을 하게 되면 학생의 중국어 표현력 향상에 도움을 주지 못할 수 있다.

둘째, 논쟁의 제목이다.

일반적으로 논쟁의 제목은 학생들이 현재 관심을 가지거나 쉽게 흥미를 유발할 수 있는 주제로 선정한다. 다음의 제목들이 그 좋은 예이다.

- 여성이 사회에 참여하는 것이 좋은가, 나쁜가?
- 한 나라에 인구가 많은 것은 장점인가, 단점인가?
- 한 가정 한 자녀의 이로움과 폐단
- 도시에서 일하는 것과 농촌에서 일하는 것의 장단점

셋째, 논쟁의 순서이다.

논쟁의 순서를 세심하게 계획한다. 일반적으로 논쟁의 제목은 수업하기 1~2주 전에 미리 정한다. 각자 원하는 대로 찬성 측과 반대 측으로 나눈다. 찬성 측은 긍정적인 논점과 논거를 준비하고 반대 측은 부정적인 논점과 논거를 준비한다. 학생들은 두 조로 나누어 각자가 고수하는 논점의 이유에 대해 주장하고 상대방이 주장하는 논점과 논거에 대해 반박한다. 그림, 사진, 신문 스크랩 등과 같은 간단한 자료들을 준비할 수 있다. 논쟁은 명확할수록 좋으며, 각 조의 학생들에게 한번 이상의 말할 기회를 갖게 한다.

각자의 논점을 요약해서 설명할 때는 다음과 같은 어구와 표현들을 사용하게 한다.

我认为……

我不同意这种说法……
因为……所以……
要是……就……
与其说……不如说……
既然……就……

긴 설명이 필요할 때는 다음과 같은 표현을 사용할 수 있다.

第一……第二……
首先……其次……

결론을 내릴 때는 다음과 같은 표현을 사용한다.

总之
总而言之
总结上述论点

　교사는 발표를 하지 않는 학생들도 적극적으로 논쟁에 참여할 수 있도록 적당한 방식을 취해야 할 것이다. 이를 테면 학생들로 하여금 발표자의 관점이나 논거를 정리해서 말하게 하거나 자기편의 주장에 대해 1~2개 정도의 이유를 보충해서 말하게 한다. 또한 상대방의 주장에 대해 1~2개 정도의 다른 의견을 제시할 수 있다. 교사도 다른 문제들을 제시하여 논쟁을 더욱 심화시켜 줌으로써 학생들이 사고하고 대답할 수 있게 도와준다.

　교사는 논쟁이 끝나면, 양측이 토론한 논점과 논거에 대해 최종적으로 정리해준다. 이때 상용 언어 항목을 반복적으로 강조한다. 교사도 자신의 개인적인 생각을 말할 수 있다. 그러나 한 쪽 편만을 지지하거나 다른 편의 의견에 반대하는 등의 태도는 삼가고 가능한 한 객관적인 입장에서 학생들을 평가해야 한다. 논쟁할 때는 진지하면서도 즐겁고 유쾌한 교실 분위기를 유지하고 용감하게 발표하는 학생에게는 격려와 칭찬을 아끼지 않도록 한다. 논쟁 시간은 2교시(100분 정도)가 적당할 것이다.

5. 말하기 오류 수정

오류 수정(纠正错误)은 말하기 수업에 있어 강의의 질을 높이는 데 중요한 역할을 차지한다. 학생들이 틀리는 부분을 지나치지 말고 끊임없이 수정해 줌으로써 중국어 표현 능력을 향상시켜 줄 수 있다. 수업시간에 학생들이 중국어로 말하는 것을 늘 격려해 주고 특히 학생들 간의 수준을 비교하지 않는 것이 바람직하다. 다음은 말하기 오류를 수정하는 데 자주 사용되는 교수법을 소개하겠다.

1) 되묻기

일반적으로 말하기 오류를 범하는 것은 언어 항목을 잘 기억하지 못하거나 성격상 세심하지 못한 데서 비롯된다. 그러므로 교사는 학생이 자신의 오류를 발견하여 스스로 수정할 수 있도록 되묻기(再问一遍)를 통해 스스로 오류를 찾아 수정할 수 있는 능력을 배양시켜 줄 수 있다.

예문 1

학생 : *我要去北大见面我的朋友。

> 교사 : 你要去北大什么你的朋友？
>
> 학생 : (교사의 표정을 보고 자신이 틀리게 말했다는 것을 느낀다.)
>
>   我要去北大看我的朋友。
>
> 교사 : 对了。

* 는 학생이 잘못 말한 오류가 있는 문장임.

예문 2

> 학생 : *我昨天晚上没睡觉了。
>
> 교사 : 你昨天晚上为什么没睡觉？
>
> 학생 : 我昨天晚上和朋友谈话了，所以没睡觉。
>
> 교사 : 对了，"没"后边不要"了"。

2) 다시 말하기

학생이 틀리게 말했을 경우 교사는 그 자리에서 다시 말하기(再说一遍)를 하게 함으로써 자연스럽게 자신의 틀린 부분을 깨닫고 수정하게 할 수 있다.

> 학생 : *我昨天被同屋问了一个问题。
>
> 교사 : (의문의 눈빛과 말투로) 你再说一遍，昨天怎么了？
>
> 학생 : 昨天我的同屋问了我一个问题。

3) 정확한 문장 알려주기

문법을 배운 학생은 그렇지 않은 학생에 비해 부주의로 오류를 범하기 쉽다. 이를 테면 방향보어와 처소목적어의 위치는 학생들이 쉽게 틀리는 부분이다. 학생이 틀리게 말하면 교사는 정확한 문장을 알려 주어 즉시 오류를 수정하게 한다.

> 학생 : *我是昨天十一点钟回来学校的。
> 교사 : 小林，你昨天到什么地方去了?
> 학생 : 我到国际大厦去了。
> 교사 : 你是什么时候回学校来的?
> 학생 : 我是晚上十一点回学校来的。

4) 교사 따라 말하기

말하기 수업에서 학생이 자신이 어디가 틀렸는 지를 깨닫지 못할 때도 있다. 학생은 교사의 표정을 읽은 후 비로소 자신이 틀리게 말했다는 것을 알게 될 것이다. 시간을 낭비하지 않기 위해 학생들로 하여금 교사를 따라 정확한 문장을 말하게 한다. 따라 말하기는 교실에서의 집단 활동으로 개별 활동에 비해 학생들을 덜 긴장시키는 지도 방법이다.

5) 동작으로 일깨워주기

동작으로 일깨워주기(用动作提醒)는 교사가 말을 적게 하고 학생에게 말할 기회를 더 많이 주어 그들에게 충분한 연습 시간을 가지게 한다. 교사가 고개를 끄덕이며 미소를 지으면 "你说对了", 고개를 저으며 미소를 지으면 "不对", 손동작으로 표현하면 "再说一遍"을 의미한다. 또한 학생이 틀리게 말했을 경우 교사는 학생을 향해 미소를 지으며 고개를 저은 후 오른쪽 손바닥을 위로 향해 들어 다시 한번 말하게 한다. 4성이 틀렸을 경우 손짓으로 박자를 맞추는 방식으로 수정해준다.

6) 판서하기

종합 정리 단계에서 판서(板书)는 오류를 수정하기 위한 비교적 좋은 방법 중에 하나다. 말하기를 지도할 때, 교사의 판서는 학생들을 쉽게 집중시킬 수 있다. 마무리 단계에서 판서를 통해 학생들이 보편적으로 범하기 쉬운 오류를 수정해 준다. 하지만 학생 개인의 잘못된 부분을 개별적으로 수정해 주기 위해 판서를 활용하는 것은 적합하지 않다.

我兴趣打乒乓球。(×)
我对打乒乓球感兴趣。(○)
我对打乒乓球有兴趣。(○)

7) 오류 수정 카드 건네주기

자존심이 강한 학생이 틀리게 말했을 경우 교사는 틀린 문장과 정확한 문장을 카드에 적어 그 학생에게 조용히 건네줄 수 있다. 이는 상당히 적절한 개별 지도로 볼 수 있다. 또한 교사가 판단해서 학생이 모를 것 같은 단어의 병음과 뜻을 함께 적어줄 수 있다. 오류 수정 카드 건네주기는 다른 학생들에게 영향을 미치지 않으므로 비교적 좋은 방법이 될 수 있다.

6. 교실 언어 게임

언어 게임(游戏)은 수업 시간 끝나기 마지막 몇 분을 남겨두고 진행하는 것이 좋다. 쉬운 언어 항목을 연습하는 것을 기본 목표로 삼는 이 교수법은 수업 시간에 부족했던 부분에 대한 보충의 일환으로 학생들의 말하기 연습에 흥미를 유발시킴으로써 활기찬 교실 분위기를 만들어 준다. 훌륭한 교실 놀이 학습은 다음과 같은 특징을 지닌다.

1) 학생은 준비를 최소화하고 예습이나 복습은 필요 없다.
2) 놀이 학습의 목적은 명확하다. 기본 언어 항목을 연습하기 위한 것이다.
3) 복잡한 학습 도구는 피한다. 교실 환경, 학생의 책가방, 의복, 문구류 등 현장에서 구하기 쉬운 것으로 정한다.
4) 게임은 유쾌하고 흥미로워야 한다.

다음은 간단한 예를 들어보겠다.

● 말 이어가기(联句讲故事)

목적 : 연상력, 상상력, 언어 활용 능력 등을 종합적으로 배양시키기
수준 : 초 · 중급
순서 : 교사는 학생들에게 이어서 말하기의 규칙을 알려주고 각자 돌아가며 한 문장씩 말하게 한다. A가 문장을 다 말하면 B가 바로 이어서 말하는데, 이때 B의 문장은 A가 말했던 것과 내용상 연관이 있어야 한다. 그리하여 이야기가 차례대로 계속 이어지는 것이다.

A : 昨天我去工人俱乐部了。

B：我是一个人去的。

C：我没有坐出租车去，是骑自行车去的。

D：累死了。

E：没有累死，我在那儿看见张丽了。

F：她长得很漂亮。

G：我想请她一起吃午饭。

H：可是她不愿意跟我一起吃午饭。

I：我问她：为什么？

J：她说，她已经吃过午饭了。

K：我想，张丽是在说谎。

L：实际上，她根本没有吃饭。只是不愿意和我一起吃饭。

● 분실물 찾기(失物招领)

수준 : 초급

도구 : 가방, 카메라, 인민폐, 사전, 녹음기 등

목적 : 분실물 찾기 관련 표현 익히기

순서 : 게임의 진행 방법을 설명하고 A, B 두 학생을 지목하여 역할놀
     이를 돌아가며 진행한다.

A：劳驾，我的提包落在出租车上了，请帮我找一下，
     可以吗？

B：你的提包是什么颜色的？

A：黑色的，上面有爱世克斯的商标。

B：提包里有什么东西？

A：提包里有照相机。

B : 你的照相机是什么牌子的?

A : 是佳能的。

B : 这个提包是不是你的?

A : 就是。太感谢您了。

B : 不用谢。

● 그/그녀는 어디 있을까?

수준 : 초급

목적 : 방위사와 개사의 용법 익히기, 누가 어디에 있는지를 중국어로
　　　어떻게 표현하는가?

순서 : 손수건으로 한 학생의 눈을 가리고 교실 한 가운데에 세운다.
　　　다른 학생들은 사방으로 흩어진다. 학생들을 각각 책상 위, 책
　　　상 아래, 교실 밖에 있게 한다. 각자 자신의 위치를 정한 후 눈
　　　을 가린 학생에게 묻는다. "我在哪儿?", "你在教室后边。" 다
　　　른 학생들도 차례로 돌아가며 묻고 답한다. 질문이 끝나면, 학
　　　생의 눈가리개를 풀어준다. 교사는 학생이 잘 맞췄는지를 평가
　　　해주고 또다시 다른 학생의 눈을 가리고 계속 게임을 진행한다.

요약 정리

말하기 교수법의 궁극적인 목적은 정확성과 유창성을 겸비한 의사소통 능력의 배양이다. 다시 말해 자연스러운 실제 상황에서 대화를 시작하고, 끝내고, 지속하는 등의 방법을 아는 대화자의 능력을 의미한다. 이 목적에 도달하기 위해 교사는 수업 시간에 학생들에게 말할 수 있는 기회를 가능한 한 많이 제공해 주어야 한다.

교실에서의 말하기 연습은 가능한 한 소집단 형태에서 이루어지는 것이 효과적이다. 그 이유는 개개인에게 말할 기회를 많이 제공해 주기 때문이다. 한 학급의 학생 수가 35명 정도인 교실 상황에서 1인당 1분 이상 기회가 돌아가지 않는다. 그리하여 교사는 둘씩 짝을 지어 연습하는 짝 활동에서부터 4~6명 정도의 소집단활동, 그리고 전체가 참여하는 대집단 활동까지 다양한 집단 활동을 활용하여 말하기를 지도하는 방법을 찾아야 한다.

말하기 능력을 향상시키기 위한 중국어 교사의 역할에는 교실에서의 중국어 사용, 다양한 학습활동 활용, 수업 진행 능력 등이 요구된다. 또한 학습 목표, 학습 주제, 학생의 수준, 성격, 취향, 시간 할애 등을 고려하며 적절하게 안배해야 한다. 특히 말하기 오류 수정 단계에서는 교사가 너무 정확성만을 고려하여 학생들의 잘못된 부분을 일일이 지적해 주는 것보다 가능한 학생 스스로 찾아내어 수정하도록 유도하는 것이 더욱 효과적이다.

제 **4** 장
문법 교수법

제4장 문법 교수법

외국어로서의 중국어교육에서 문법의 중요성은 논란의 여지가 없을 정도로 자명하다. 현행 중국어 교재를 살펴보면, 대부분 발음 학습 단계가 끝나면 바로 문법 설명으로 넘어가도록 구성되어 있다. 즉 모든 과가 1~2개 혹은 여러 개의 문법 사항을 중심으로 이루어져 있다. 물론 중국어교육에서 문법이 차지하는 비중을 살펴보면, 문법 수업은 어휘, 한자뿐만 아니라 발음, 듣기, 말하기, 읽기, 쓰기와 분리될 수 없는 통합적인 관계에 있지만 여기서는 문법적 측면에서만 살펴보기로 한다. 본 장에서는 문법 제시 방법, 문법 설명 지도 방법, 문형 연습 지도 방안, 문법 정리를 중심으로 문법 교수법에 대해 소개하고자 한다.

1. 문법 제시 방법

문법 제시 방법은 학생들에게 서로 다른 문법구조의 형태와 의미, 용법을 가르치는 것이다. 문법 제시는 문법 수업의 첫 단계로 적절하게 제시했을 경우 학생들로 하여금 정확한 문법 형식과 문법 규칙의 사용을 터득할 수 있게 해준다. 좋은 문법 제시법이란 자연스럽고 실제적이어야 하며, 이를 통해 활기찬 교실 분위기가 형성되는 것을 의미한다. 문법을 제시하는 방법은 다양하기에 상황에 따라 선택할 수 있다.

1) 받아쓰기로 제시

가르치려는 문법사항의 규칙이나 예문을 수업시간에 '받아쓰기'의 형식으로 제시하는 것이다. 우선 2~3개의 예문을 골라 학생들로 하여금 칠판에 쓰게 한다. 동사 '完'이 결과보어로 쓰이는 문법을 설명할 경우 이 방법을 사용하면 학생의 복습 및 예습 상태와 현재 수준을 종합적으로 파악할 수 있다. 다음과 같이 예문을 받아쓰게 한다.

> 我们学完二十三课了。
> 这本书我还没看完呢。
> 今天的作业你做完了没有？

받아쓰기는 가장 많이 사용하는 문법의 제시 방법이다. 그러나 받아쓰기는 간단하고도 실용적이나 자칫 기계적인 학습이 될 수 있다는 단점이 있다.

2) 질문을 통한 제시

질문을 통해 문법 항목을 제시하는 방법이다. 수업 시작 시 교사는 "오늘 우리가 배울 문법이 무엇인지 아는 학생 있나요?"라고 질문을 함으로써 학생들의 호기심을 자극한다. 대답을 하는 학생이 있다면, 또 다른 학생에게 관련 문법 사항을 더 말하게 한다. 그리고 교사는 다음 학습 단계로 넘어가기 전에 몇 개의 완벽한(혹은 교사가 수정해 준) 문장을 칠판에 적어주어 공부할 내용을 미리 예습시킨다. 이 방법은 자연스러운 환경을 조성하여 학생들의 호기심을 이끌어 내고 능동적으로 수업에 참여할 수 있게 한다. 단 전제 조건은 그 날 배울 문법 사항에 대해 어느 정도 예습이 되어 있어야 한다.

3) 대화를 통한 제시

교사와 학생 혹은 학생과 학생 간의 대화를 통해 그 날 배울 주요 문법 사항을 제시하는 방법이다. 예를 들면 과거의 경험을 나타내는 조사 '过'를 설명할 경우 먼저 '过'의 부정형을 칠판에 쓴다. 그리고 학생과 대화를 시작한다.

> 교 사: 你是第几次来乌鲁木齐?
> 학 생: 第一次。
> 교 사: 请说一个句子。
> 학생1: 我是第一次来乌鲁木齐。
> 교 사: 很好。(对学生2) 你是第几次来乌鲁木齐?
> 학생2: 我也是第一次来乌鲁木齐。
> 교 사: 很好。谁不是第一次来乌鲁木齐?
> 학생3: 老师，我不是第一次来乌鲁木齐。

> 교 사: 好，现在注意我的问题，（强调）你以前来过乌鲁木齐吗？
> 　　　　（对学生点头示意用肯定的回答）
> 학생3: 我以前来过乌鲁木齐。
> 교 사: 好！他以前来过乌鲁木齐。（边说边板书）
> 　　　　（对学生1）你以前来过乌鲁木齐吗？
> 　　　　（摇头示意并指示黑板上的否定形式，启发学生用否定式说
> 　　　　　出）
> 학 생: 我以前没来过乌鲁木齐。
> 교 사: 非常好！（边说边板书）我以前没来过乌鲁木齐。（领读这
> 　　　　两个句子）
> 교 사: 你来乌鲁木齐以前学过汉语吗？

이는 상당히 실용적인 교수 방법이다. 특히 문법 내용이 크게 복잡하지 않고 학생이 예습을 충분히 해왔을 경우에 더욱 효과적이다. 앞의 예문을 살펴보면, 실제 상황을 근거로 해당 문법구조의 형태와 의미, 용법을 쉽게 이해시킬 수 있다.

4) 실물을 통한 제시

교실 안에 있는 사물이나 미리 준비해 온 교구를 활용하여 문법사항을 제시하는 방법이다. 예를 들면 소유를 나타내는 '的'를 설명할 경우 교사의 책과 학생의 책을 도구로 삼아 문법 항목을 제시할 수 있다.

> 这是我的书。
> 这是他的书。
> 这是老师的书。

这是XX的书。

학생이 예습을 충분히 해왔을 경우 여기에 다른 대화를 결합시켜 문법 항목을 제시할 수도 있다.

教 师：(拿自己的书) 这是什么?

学 生：(齐) 这是书。

教 师：对，这是书。这是我的书。(拿安丽的书) 这是安丽的书。
　　　　(拿自己的书，问学生1) 这是谁的书?

学生1：这是老师的书。

教 师：很好。(边说边板书) 这是老师的书。
　　　　(拿自己的书，问学生2) 这是谁的书?

学生2：这是老师的书。

教 师：很好。(拿安丽的笔，问学生3) 这是谁的笔?

学生3：这是安丽的笔。

教 师：很好。(边说边板书) 这是安丽的笔。
　　　　(拿自己的书，对平时领会较好的学生——学生4) 你可以
　　　　问吗?

学生4：这是谁的书?

教 师：好极了!(对学生5) 请你回答。

学生5：这是老师的书。

教 师：好。(边说边板书) 这是谁的书?

……

5) 교구, 지도, 그림 활용

(1) 교구

교사가 미리 준비한 교구를 통해 문법을 제시할 수 있다. 예를 들어 시간표현에 관해 설명할 경우 두꺼운 종이로 시계를 만든다던가, 가격을 설명할 경우 확대한 메뉴를 준비한다. 여기에 문답법을 결합시킬 수도 있다.

(2) 지도

지도를 이용해 문법 사항을 제시하는 방법이다. 예를 들어 존현문 혹은 방위사를 설명할 때 중국 지도나 학교 캠퍼스 지도를 이용해 교사나 학생의 위치, 장소 혹은 건물의 방향을 말하게 한다.

(3) 그림

그림을 이용해 문법 항목을 제시한다. 동작의 표현법을 가르칠 경우 스포츠 활동이나 기타 일상생활 관련 사진을 이용해 교사와 학생은 "谁正在做什么?" 형식의 문장을 만들어 본다. 그림의 아래쪽에 해당 문장을 써 놓아도 좋다. 가령, "他们正在吃饭。"이 있다.

6) 동작을 통한 제시

교사의 시범 동작을 통하여 문법 항목을 제시할 수 있다. 예를 들어 방향보어 '上去, 上来, 下去, 下来, 进去, 进来, 出去, 出来, 回去, 回来, 起来' 등을 가르칠 경우 교사가 직접 동작을 취하면서 방향보어가 포함된 문장을 설명한다.

> 我进来了。
> 我上来了。
> 我出去了。

더 나아가 학생들로 하여금 교사가 취하는 동작에 맞는 방향보어 문장을 말하게 한다.

> 老师进来了。
> 老师上去了。
> 老师出去了。

결과보어 '开, 上'을 설명할 때 교사는 교실의 창문이나 커튼을 이용할 수 있다. 커튼을 치고 내리기 혹은 창문을 열고 닫기 등의 동작을 한다. 그리고 판서와 동작을 통해 학생들의 호기심을 자극한다.

> 老师把门关上了。
> 老师把窗户打开了。

2. 문법 설명 지도 방법

문법구조의 형태, 의미, 사용에 대해 설명하는 것이다. 우선 문법구조의 형태에 대해 살펴보면, 여기에는 긍정형, 부정형, 의문형 등의 문법구조 자체, '被'자의 보어 등 필요 성분, 문법 항목의 배열 순서(가령, 시량보어 "我昨天看了一个晚上的录像", "我看录像看了一个晚上")와 허사의 위치들이 포함된다. 필요 시 새로 배울 문법과 기존에 배웠던 문법 간의 관계나 차이점에 대해 설명할 수 있다.

문법구조를 설명할 때는 보통 이미 배운 구조를 이용한다. 다시 말해 새로운 문법과 기존의 문법 간의 의미상 연관 관계를 찾아 활용하는 것이다. 또한 "几岁"와 "多大年纪"처럼 대상에 따른 다른 표현법과 "对不起"와 "劳驾"와 같은 다른 상황에서의 사용법에 대해서도 설명해야 한다. 학생들에게 언어 환경을 설명하고 문법의 기능을 완벽히 이해시키려면 사전에 충분한 상호 교류 연습이 필요하다. 문법 항목 설명에는 일반적으로 다음과 같은 방법들이 있다.

1) 공식 나열하기

공식을 사용하여 문법구조의 형식을 설명하는 것으로 간단하고 핵심적이어야 학생들이 쉽게 이해하고 기억할 수 있다. 칠판에 직접 쓸 수도 있고 그림이나 카드로 만들어 설명할 수 있다. 다음은 '比' 문법구조의 의미 관계를 설명한 것이다.

```
甲  比  乙  adj  =  A  adj
我  比  他  高  =  我  高 (他矮)
```

결과보어의 의미상 구조 관계를 다음과 같이 설명할 수 있다.

```
我吃饱了  =  我吃，我饱了。
这个字我写错了  =  我写，字错了。
```

이 방법은 학생들로 하여금 문법구조에 대해 직관적으로 이해할 수 있게 하여 사용상의 실수를 막아 준다. 예를 들어 학생들이 "我比他高。"를 "他高。(그가 크다)"로 이해하는 경우가 많고 결과보어가 있는 문장의 각 성분 간의 의미 관계를 이해하지 못하는 경우도 종종 있다.

2) 부호, 그림, 도구 사용

(1) 부호

고유 부호를 사용하여 문법구조를 형식화한다. 부호 사용은 간단하고 명확하며 기억하기 쉬운 장점이 있으며 문법 연습 시에도 사용할 수 있다. 예를 들면 다음과 같다.

> S 주어, P 서술어, N 명사, V 동사, A 형용사

(2) 그림

그림을 이용해 문법구조를 이해시키는 방법이다.

① 존현문을 설명할 경우 다음과 같은 그림을 활용할 수 있다.

그림 3 | 그림을 활용한 문법 설명 방법 1

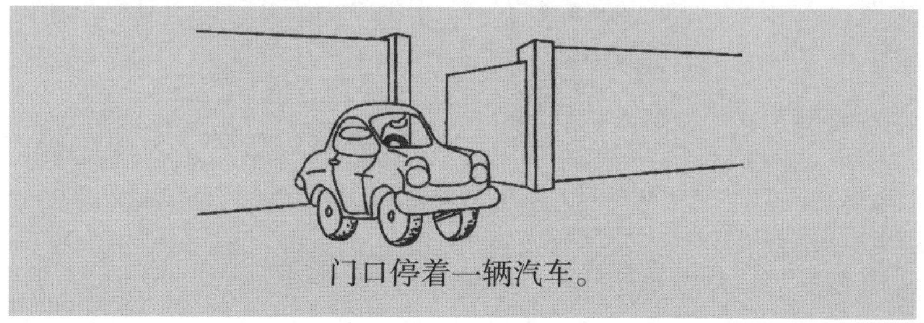

② 진행형 동사를 설명할 경우 그림을 이용하면 더욱 효과적이다.

그림 4 | 그림을 활용한 문법 설명 방법 2

그림 5 | 그림을 활용한 문법 설명 방법 3

③ 방향보어를 설명할 경우(동사 + 上来/下去/进来/出去) 그림을 이용하면 문법을 쉽고 직관적으로 터득할 수 있기 때문에 더 큰 학습 효과를 볼 수 있다.

그림 6 | 그림을 활용한 문법 설명 방법 4

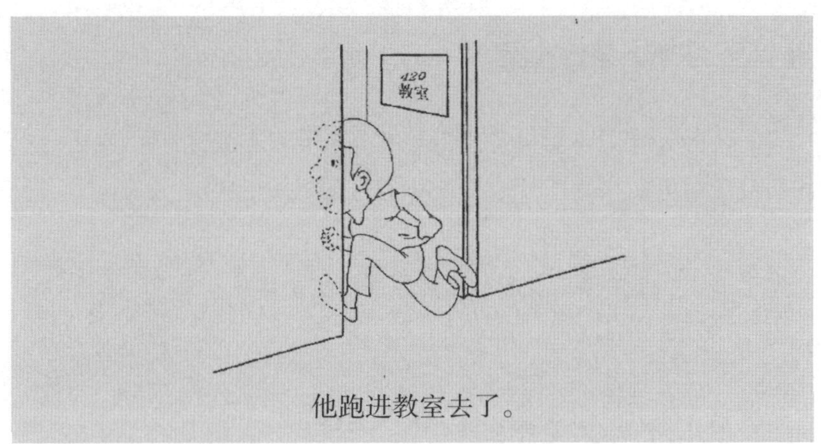

그림 7 | 그림을 활용한 문법 설명 방법 5

(3) 도구

　도구를 이용해 문법을 설명한다. 가장 전형적인 예는 시간을 설명할 경우 시계라는 도구 사용은 가장 편리한 방법이다.

3) 실제 상황을 통한 설명

　교사와 학생의 실제 상황에 근거하여 문법구조를 설명한다. 예를 들어 수량사를 설명할 경우 교사는 다음과 같이 말할 수 있다.

> 桌子上有一本汉语书，两个本子，三支圆珠笔。

또한 다음과 같이 학생에게 질문할 수 있다.

> 你家有几口人？
> 你有几个中国朋友？

'比'자문을 설명할 경우에도 마찬가지로 실제 교실 상황을 활용한다.

> 교사 : 我们班有几个女学生？
> 학생 : 我们班有三个女学生。
> 교사 : 有几个男学生？
> 학생 : 有六个男学生。
> 교사 : 好！我们班的男学生比女学生多。女学生比男学生少。

또한 결과보어를 설명할 경우에도 교사는 고의로 칠판에 글자 하나를 틀리게 쓰고 다음과 같이 말할 수 있다.

교사 : 这个字是谁写的?
학생 : 这个字是老师写的。
교사 : 很好。这个字对不对?
학생 : 这个字不对。
교사 : 很好! 这个字不对，这个字错了。这个字我写错了。
　　　一起说 :"这个字老师写错了。" 谁知道这个字应当怎么写?

● 동작을 통한 설명

교사 한 사람 혹은 교사와 학생이 함께 동작을 취하여 학생으로 하여금 쉽게 문법을 이해시킨다. 예를 들어 방위사를 설명할 경우 교사는 동작을 보여주면서 다음과 같이 설명한다.

往前走，往右拐，往上看，往 (窗) 外看，过马路

4) 배운 문법으로 새 문법 설명

이전에 배운 문법구조 가운데 형식상 연관이 있거나 의미상 유사한 문법을 이용해 새로운 문법구조를 설명한다. 예를 들어 가능보어와 '被'자문을 가르칠 경우 서로 대응하는 문장을 이용해 용법을 설명한다.

我去不了。　　　　⇒　　我不能去。
杯子被我打坏了。　⇒　　我打坏了杯子。

이전에 배운 공식을 이용해 문형간의 관계를 설명할 수도 있다.

> N_1　被 N_2V 了 ＝ N_2 把 N_1　 V了 ＝ N_2V 了 N_1
> 帽子 被 他丢了 ＝ 他 把 帽子 丢了 ＝ 他丢了 帽子

이 방법은 단지 학생에게 문법구조를 이해시킬 때 그리고 유사한 의미일 때 적용이 가능하다는 점에 유의할 필요가 있다. 이들 문법구조의 실제 용법은 다르다. 해당 문법구조를 제대로 이해하고 응용하기 위해 두 문법구조의 용법상의 공통점과 차이점을 비교 혹은 보충 설명을 해야 한다. 문법구조, 언어 환경, 사용법, 의미 및 기능을 통합적으로 설명할 수 있어야 비로소 가장 이상적인 문법 설명이 될 수 있다. 비교 설명 방법은 다음에 나오는 '내부 형식의 비교를 통한 설명'을 참조하도록 한다.

5) 내부 형식의 비교를 통한 설명

중국어 내부 형식의 비교를 통해 관련 문법의 공통점과 차이점을 설명한다. 일반적으로 '차이점' 설명에 초점을 맞춘다. 예를 들면, 존현문 'P 有 N', 'N 在 P' 는 의미상 강조하는 바가 다르다. 전자는 강조점이 묘사(门前有几棵树，几盆花。), 새로운 발견을 설명하는 것(哎，你屋子里有个人。)으로 전체 정보의 전달에 치중한다. 반면, 후자는 명사의 위치 설명(我女朋友在上海呢。)에 중점을 둔다. 물론 이러한 설명이 의문형이나 대구법에까지 적용되는 것은 아니다. 수업시간에 다음과 같은 질문과 대답을 설정할 수 있다.

> 교사 : 你觉得北京怎么样?
> 학생 : 很好。

> 교사 : 怎么好?
> 학생 : 北京有很多公园，有很多名胜古迹。
> 교사 : 北京有很多公园，有很多名胜古迹。

존현문 'N 在 P'의 경우, 학생들의 이해를 돕기 위해 더 많은 질문을 해 보자.

> 교사 : 你妈妈在哪儿?
> 학생 : 我妈妈在北京。
> 교사 : 你的书包在哪儿?
> 학생 : 我的书包在桌子下。

6) 한국어로 번역하기

해당 문법구조의 의미를 한국어로 직역한다. 일반적으로 의미가 비교적 추상적이어서 구체적인 방법으로 설명하기 어려운 문법의 경우에는 번역이 가장 간단한 방법이 될 수도 있다. 가령, "虽然……, 但是……", "既然……, 就……"와 같은 어휘를 설명할 때가 그렇다. 간단하게 한국어로 번역을 해주면 학생들이 바로 이해할 수 있기 때문이다.

● 중국어와 한국어 비교하기

중국어 문법구조를 한국어 문법구조와 비교하여 이해시키는 방법이다. 여기서 비교 대상은 유사하거나 상이한 부분이며 특히 상이한 부분에 중점을 둔다.

7) 학생이 설명하도록 지시

중국어로 문법을 설명하게 한다. 여기에는 두 가지 방법이 있다. 첫째, 비교적 간단한 문법구조이고 학생이 예습을 잘 해왔을 경우 질문의 방식을 통해서 학생으로 하여금 중국어로 설명하게 하는 방법이다. 둘째, 어려운 문법일 경우 이미 이해를 한 학생이 다른 학생에게 설명을 해주는 방법이다, 이 경우 어쩌면 학생이 교사보다 더욱 정확하게 설명할 수도 있다.

여기서 문법 제시, 문법 설명, 문형 연습은 결코 독립적인 과정이 아니지만 각각의 학습 목적과 강조하는 바가 다르다는 것을 알 수 있다. 문법 제시는 어떻게 하면 자연스럽게 주요 문법구조를 흥미롭게 이끌어낼 것인가, 문법 설명은 어떻게 하면 학생들을 가장 쉽고 빠르게 이해시킬 것인가, 문형 연습은 어떻게 하면 학생들로 하여금 연습을 통해 중국어를 최대한 빨리 내재화시키느냐에 초점을 둔다.

문법 교수법은 결코 한번의 설명으로 완성되는 과정이 아니라 끊임없는 반복 연습을 통해 점차적으로 향상시켜 주는 것이다. (본 장의 제4절 문법 정리를 참조) 따라서 하나의 문법 항목을 제시한 후 그 용법을 한꺼번에 다 설명하거나 단 한번의 설명으로 학생들이 터득할 것이라는 생각은 현실적으로 불가능한 것이다. 또한, 교사는 미리 예문이나 언어 환경에 대해 세심하게 준비하여 학생들이 문법 사항들을 쉽게 이해하고 활용할 수 있도록 도와준다.

3. 문형 연습 지도 방안

문형 연습은 문법구조에 대한 기본적인 이해를 토대로 체계적이고 집중적인 연습을 통해 최종적으로 실제 생활에서 응용하는 법을 배우는 학습활동이다. 문법 수업 가운데 문형 연습은 중요한 위치를 차지하는데, 크게 기계적 연습(机械练习), 유의적 연습(有意义的练习), 의사소통적 연습(交际练习)으로 나뉘어 진다. 기계적 연습과 유의적 연습은 학습한 문법을 숙달시킴으로써 의사소통적 연습으로 가기 위한 일종의 수단이고, 그 중 의사소통적 연습이야말로 문형 연습의 주요 핵심이라고 할 수 있다. 본격적으로 문형 연습으로 들어가기에 앞서 이미 배운 어휘와 문법 등에 대해 꼭 확인하고 넘어가야 한다. 따라서 '문법 지식 준비'단계를 문형 연습 속에 포함시키기로 하겠다.

1) 문법 지식 준비

　문법 지식 준비는 문형 연습 초반에 진행해야 하는 이미 배운 어휘나 문법 항목을 복습하는 단계이다. 가령, 가능보어를 설명하기 전에 결과보어를 복습하거나 복합 방향보어를 설명하기 전에 단순 방향보어를 복습한다. 이는 문법구조의 내재적인 연관성을 이해하고 더 나아가 수업을 자연스럽게 연결시키며 학생들의 심리적인 부담감을 덜어줄 수 있다. 다시 말해 새로운 문법을 이해하고 활용하기 위한 초석이라 할 수 있다. 문법 지식 준비는 학생이 문법 사항을 이해하는 데 있어 두 가지 중요한 의미를 갖는다.

　첫째, 이미 배운 문법 지식과 문법 기능을 복습하고 이를 더욱 공고히 할 수 있다.
　둘째, 문형 연습의 속도와 언어 사용의 유창성을 높일 수 있다.

　따라서 문법 지식 준비 단계는 문법 수업에 있어 지나쳐서는 안될 중요한 과정이다. 문법 지식을 선택하는 것은 교사가 수업 준비를 하는 데 있어 매우 중요한 요소이다. 교사가 이미 배운 문법과 어휘표를 만들어 놓고 그 중에서 새로 배울 어휘와 문법 항목을 선택하는 것이 바람직하다. 일반적으로 자주 사용하는 어휘와 문법 항목은 우선적으로 중복하여 선택한다.

2) 기계적 연습

기계적 연습은 모방, 반복, 대체, 확장 등 쉽게 사용할 수 있는 수업 방법이다. 기계적 연습의 목적은 간단한 방법으로 학생들로 하여금 문법구조를 한 층 더 깊이 심화시킬 수 있도록 하는 데 있다. 또한 반복적인 연습을 통해 이미 배운 문법 항목이 들어간 문장을 유창하게 말할 수 있게 하는 데 있다. 반복 연습을 통해 교사는 학생의 발음, 어휘, 문법상의 오류를 수정해 줄 수 있다.

● 기계적 연습 시 유의사항

첫째, 문법구조에 대한 기본적인 이해를 전제로 연습이 진행되어야 한다. 특히 예문은 의미가 있고 교류 가치를 지니고 있는 문장이어야 한다. 왜냐하면 아무 의미 없고 교류 가치도 없는 문장을 말할 필요는 없기 때문이다. 또한 심리학 연구에 따르면 의미 없는 문장을 학습하는 것은 단기 기억에만 남아 있을 뿐, 전체 내용을 흡수하는 데 전혀 효과가 없다고 한다.

둘째, 기계적 연습에 적합한 문형과 구조를 선택한다. 문장이 어렵지 않아야 한다.

셋째, 문장 연습을 빠르게 진행한다. 특히 교사는 연습할 단어 선택, 혹은 대답할 학생을 지명하는 데 시간을 낭비하지 않도록 한다.

기계적 연습에는 반복 연습, 대체 연습, 확장 연습 등이 포함된다.

(1) 반복 연습

해당 문법이 포함된 문장을 교사를 따라 읽게 한다. 자주 사용되는 반복 연습에는 따라 읽기, 문장 반복, 대화 반복이 있다.

① 따라 읽기

　교사의 발음을 그대로 따라 읽게 한다. 따라 읽기의 목적은 발음 교정, 한자 인지, 문법 사용의 향상, 본문 숙지 등에 있다. 목적에 따라서 요구도 달라진다. 발음 교정이 목적이라면 발음, 성조, 억양, 리듬 등에 중점을 두고, 유창하게 말하는 것이 목적이라면 문법 항목, 어휘 순서에 유의한다. 더불어 발음 교정도 지나쳐서는 안된다. 따라 읽기는 중국어 학습의 초기 단계에서 얼굴 근육의 훈련을 통한 자동적인 암기에 효과적이다.

② 문장 반복 연습

　문장 반복과 따라 읽기는 다르다. 따라 읽기는 '교사—학생'식의 반복이지만, 문장 반복은 '교사—학생—학생—학생……'식의 반복이다. 문장 반복은 반 전체 학생이 합창할 수도 있고, 개별적으로 반복할 수도 있다. 기계적 연습은 학생들이 최대한 유창하게 말할 수 있을 때까지 진행한다. 반복 연습을 할 경우 교사는 계속 학생을 주시하고 반응해 주며 틀렸을 경우 즉시 수정해 준다. 문장 반복 연습에서는 학생이 따라할 수 있을 정도의 문장 길이로 조절하는 것이 중요하다.

③ 대화 반복 연습

　말하기 수업에는 해당 문법이 들어간 대화 혹은 교사와 학생이 함께 한 대화를 포함한다.(때로는 교사가 학생의 말을 수정하거나 조정할 수 있다.) 교사가 먼저 대화 상황을 여러 번 반복한 후에 학생들끼리 상호 대화식으로 진행한다. 이 방법은 기계적 연습의 후반 혹은 유의적 연습의 초반에 사용함으로써 문법구조의 의미에 대한 이해를 심화시킨다. 연습은 전체 반복이나 부분 반복으로 이루어진다.

(2) 교체 연습

　배운 문법을 사용하여 모범 문장을 말한 후 교체할 수 있는 위치를 설명한다. 그리고 교사나 학생이 대체할 수 있는 단어를 제시하고 다른 학생들로 하여금 완전한 문장을 만들어 말하도록 한다. 교체 연습은 반복 연습으로 보통 문형 연습에 사용된다. 교체 연습 전에 필수 단어에 대한 복습이 선행되어야 한다. 교체 연습은 다음과 같이 나눌 수 있다.

① 단일 교체 연습

　문장이나 대화 속에서 단어 또는 구를 바꿔 연습한다.

我喜欢	看电影。
	踢足球。
	吃饺子。
	画画儿。
	去旅游。

　문형 연습 시 교사가 먼저 하나의 완전한 문장을 말한 후 학생들로 하여금 이를 따라 읽도록 한다. 그리고 교사가 교체할 단어를 제시하면 학생들이 이를 이용해 완전한 문장을 말한다. 교사는 연습 속도를 적절하게 조절해야 한다. 일반적으로 다소 빠르게 진행하는 것이 좋다. 왜냐하면 학생들의 집중력과 반응 속도를 높일 수 있고 학습 효과 역시 제고되기 때문이다. 하지만 그와 동시에 학생들의 발음, 성조, 억양에 대한 오류 수정에도 유의해야 한다. 발음 교정은 중국어 교수법 가운데 학습의 어느 단계에서나 필요하기 때문이다.

② 다중 교체 연습

문장 혹은 대화 속에서 여러 단어나 구를 대체한다.

我	骑自行车	去	长城。
	坐火车		广州。
	坐出租汽车		北京大学。
	坐汽车		买东西。

주의사항은 단일 교체 연습과 동일하다.

③ 복문 중 단문 교체 연습

문장 전체 혹은 단문을 교체한다. 이 방법은 복문 연습에 적용된다.

他因为	病了	，所以今天没来上课。
	有事	
	爸爸来了	
	没做作业	

(3) 확장 연습

단어와 구를 계속 추가하고 문장의 길이를 늘려감으로써 학생으로 하여금 해당 문법구조가 포함된 문장을 유창하게 말할 수 있게 한다. 확장 연습은 단어 확장 연습, 문장 확장 연습, 문답 확장 연습 세 가지로 나눌 수 있다. 그중 문장 확장과 문답 확장은 유의적 연습에 가깝다.

① 단어 확장 연습

단어를 계속 추가시켜 문장을 확장하는 연습이다. 이 방법은 비교적 긴 문법구조를 이제 막 배웠거나 혹은 연습 과정에서 문장이 다소 길거나 발음이 어려운 문장을 숙달하기 위해 사용된다. 먼저 교사가 단어를 제시하고 역으로 문장 뒤에서부터 진행한다.

교사 : 茶	학생 : 茶
교사 : 喝	학생 : 喝茶
교사 : 喜欢	학생 : 喜欢喝茶

학생들이 어느 정도 익숙해지면 교사가 한 학생으로 하여금 새로운 단어를 제시하게 할 수 있다. 말하기 속도를 점점 빠르게 함으로써 유창성을 높인다.

② 문장 확장 연습

문장 확장 연습이란 곧 '문장 완성 연습'을 말한다. 교체 연습이 기본적으로 이루어진 상황에서 문장 완성 연습을 시킨다. 이를 통해 학생은 중국어로 사고하는 능력을 배양하고 기억력을 강화할 수 있다.

我	去食堂	吃午饭。
	去邮局	买邮票。（由学生说出）
	去银行	存钱。
	去书店	买汉语书。
	去操场	踢足球。
	去长城	照相。

이 지도 방법은 복문을 학습할 때도 사용할 수 있다.

如果明天下雨，我们就不上课了。
<u>虽然他年纪很大，但是很健康。</u>（由学生说出）
<u>因为今天有急事，所以我不能参加晚会。</u>
<u>你既然一定要做，我也不反对。</u>

③ 문답 확장 연습

교사와 학생 혹은 학생과 학생이 서로 묻고 대답하는 형식으로 연습한
다. 문답 확장 연습이 단어 확장 연습과 다른 점은 교사와 학생 모두 문장
을 말한다는 점이다. 예를 들어 부사의 위치를 연습할 경우 다음과 같이
진행할 수 있다.

교사 : 你去哪儿?
학생 : 我去友谊商店。
교사 : 你跟谁去(友谊商店)?
학생 : 我跟同屋一起去友谊商店。
교사 : 你们怎么去?
학생 : 我跟同屋一起坐汽车去友谊商店。

교사와 학생이 문답 확장 연습을 진행할 경우에는 괄호 안의 단어는 생
략하여 학생들에게 말할 기회를 더 많이 제공한다. 교사의 지도하에 학생
과 학생 간에 문답 확장 연습을 진행할 경우 문장 전체를 모두 말할 수도
(부사의 순서를 강조하는 연습일 경우), 실제 상황에 더 근접하기 위해 괄
호 안의 단어를 생략할 수도 있다. 이 방법은 보통 비교적 긴 문형을 유창
하게 말하기 위해 사용된다. 한정어, 부사어가 들어간 긴 문형을 처음 접

하는 학생들은 단어의 나열순서도 생소하고 발음하기도 쉽지 않을 것이다. 따라서 이 수업 방법을 사용하면 학생들이 길고 어려운 문장을 이해하고 습득하는 데 효과적이다.

3) 유의적 연습

학생이 연습 내용의 구조와 의미를 명확하게 이해해야 대답을 할 수 있는 경우이다. 따라서 정답을 찾아내는 분석 과정이 요구된다. 가령, 변형 연습, 다시 말하기, 응답 등이 그렇다. 유의적 연습의 목적은 기계적인 연습보다 상위 단계이나 역시 반복을 통해 자연스럽게 문법구조에 대한 이해를 심화시키고 통제된 문형을 자동적으로 사용하게 하는 습관을 형성시키는 데 있다. 더불어 그 상위 단계인 의사소통적 연습의 기초를 다지는 단계라고 할 수 있다. 문형 연습은 단순히 여기서 그쳐서는 안되며, 다음에 제시되는 의사소통적 연습으로 이어져야 문법 수업의 최종 목표에 도달할 수 있다.

(1) 변환 연습

문장의 형태를 바꾸는 연습이다. 흔히 사용되는 방법에는 다음의 두 가지가 있다.

① 문형 변환 연습

문형 변환 연습이란 하나의 문형을 또 다른 문형으로 바꾸는 것이다. 일반적으로 교사가 예문을 제시하면 학생으로 하여금 자신이 변형시킨 문장을 말하도록 한다. 긍정형, 부정형, 의문형 등으로 바꿀 수 있다. 또한 다른 문장 구조간의 변환에도 사용할 수 있다.

> 屋子里有一个人。　　　⇒　　那个人在屋子里。
> 他一边做作业一边看电视。　　⇒　　他看着电视做作业。

교사는 변형 연습을 진행하기 전에 적절하게 예문을 제시해야 한다. 예를 들어 칠판에 공식을 적어주거나 혹은 교사가 직접 좋은 예를 들어 준다.

② 문장 변형 연습

두 개의 문장을 하나의 문장으로 바꾼다.

> 我看见一个人。他穿着一件红毛衣。
> 　　　　　⇒　我看见一个穿红毛衣的人。
> 我上街。我要买东西。　⇒　我要上街买东西。
> 我高。他不高。　　　⇒　我比他高。

(2) 다시 말하기

교사가 말한 부분 혹은 교재의 한 문단이나 본문을 학생으로 하여금 다시 말하게 한다. 다시 말하기 연습은 말하기 교수법에서 자세히 소개했으므로 여기서는 몇 가지 명칭과 간단한 설명만 하겠다. 주의할 할 점은 문법 수업 가운데 다시 말하기 연습은 연습할 문법 항목을 명확히 제시해야 한다는 점이다.

① 완전한 문장으로 다시 말하기

간단한 대화나 서술문을 듣고 그대로 정확하게 다시 말하게 한다.

② 요약하여 다시 말하기

서술문이나 본문의 내용을 듣고 요약하여 다시 말하도록 한다.

③ 그림 보고 다시 말하기

교사가 미리 준비해 둔 그림을 보면서 서술문을 듣고 다시 말하게 한다.

④ 확장시켜서 다시 말하기

교사가 하나의 이야기 혹은 대화의 대략적인 내용을 말해주면 학생이 이를 근거로 상상력을 발휘하여 다시 서술하게 한다.

⑤ 역할 분담하여 다시 말하기

역할을 분담하여 본문의 대화 내용에 대해 말하기 연습을 진행한다. 이 연습은 학생이 본문 내용을 완전히 숙지한 후에 진행해야 한다. 본문과 완전히 똑같이 할 수도 있고 다소 내용을 바꿀 수도 있다. 만약 시간이 충분하다면 학생들이 자신의 역량을 최대한 발휘하도록 돕는다.

4) 의사소통적 연습

의사소통적 연습은 교실에서 학생들에게 서로 의사소통할 수 있는 상황을 만들어줌으로써 예전에 학습한 문법을 실제 상황에 적용시켜 보기 위한 방법으로 실제 상황에 근거하여 문답, 대화, 토론 등의 활동을 진행한다. 이 연습의 특징은 실제 상황이라는 점이다. 실질적인 것을 질문하고 실제 상황에 맞게 대답하며 자신의 솔직한 의견을 전달하는 것이다. 때문에 교사는 사전에 준비를 철저히 하여 수업 시간에 발생할 수 있는 변수에 적절히 대처해야 한다. 의사소통적 연습은 문법 연습에 있어서 가장 중요한 부분으로 여겨진다. 왜냐하면 이러한 연습을 통해서만 문법이 내포하고 있는 실제 의미를 정확히 파악할 수 있고 더불어 실제 언어 교류 현장에서 그 적용 방법을 정확히 활용할 수 있기 때문이다. 의사소통적 연습은 크게 두 가지로 우선 상호 교류 연습을 통해 학습한 문법을 반복해서 사용하는 것에 중점을 둔다. 두 번째로 교류 활동이다. 교사는 학생들이 학습한 문법을 활용할 수 있는 화제로 자유롭게 대화할 수 있도록 이끌어 주어야 한다.

(1) 지시 응답

교사는 학습한 문형을 활용할 수 있는 적절한 주제나 학생들이 관심을 갖는 문제를 선택한다. 학생이 교사의 질문에 대답할 경우 배운 특정 문형을 사용하도록 상황을 제시해 준다. 기계적 연습과 유의적 연습에서 자주 이 방법을 사용할 수 있다. 질문 시 유의할 점은 의문형을 많이 사용하고 비의문형을 적게 사용함으로써 학생들에게 중국어로 말할 기회를 더 많이 제공해 주어야 한다는 것이다.

(2) 묘사하기

특정 인물이나 사물을 자신의 실제 상황에 맞게 묘사하게 한다. 예를 들어 방위사를 배울 경우 학생으로 하여금 자신의 기숙사나 학교의 위치를 설명하게 한다. 혹은 주술술어문을 배울 경우 학생에게 한 사람을 묘사하게 한다.

(3) 서술하기

현재 배우고 있는 문법구조를 이용하여 하나의 이야기를 서술하게 한다. 가령, "一…… 就……", "先……, 然后……", "再", "又" 등의 어휘를 이용하여 하루의 활동, 여행, 견학 등에 대해 말하게 한다.

一放暑假我就想去旅行，要先去云南昆明，然后去西藏拉萨，再去青海西宁……

4. 문법 정리

이미 배운 문법 항목에 대해 개별적인 설명을 총괄적으로 정리해줌으로써 학생들로 하여금 문법 사항에 대해 체계적으로 이해할 수 있도록 한다. 문법 정리는 다음 사항이 포함된다.

- 형식상 특징
- 의미상 특징
- 사용상 특징 (가령, 언어 환경, 누가 누구에게 말하는가, 어떤 장소에서 말하는가, 언제 말하는가, 왜 말하는가, 그리고 뉘앙스와 표정 등이 포함)
- 이미 배운 관련 문법 항목과 유사한 문법 항목 중 혼동하기 쉬운 점에 대한 비교
- 한국어 문법과 중국어 문법에 대한 비교
- 쉽게 범할 수 있는 오류 및 방지법

물론 앞에서 언급한 여섯 가지로 모든 문법을 설명할 수는 없다. 문법 정리는 간단명료할수록 좋다. 문법 정리가 단순히 문법의 이론만을 설명하기보다 실제 상황과 의미 있는 주제, 실질적인 내용으로 설명하는 것이 문법 교육에 더욱 효과적이다. 문법 정리는 교사의 지도하에 학생과 함께 진행하도록 한다. 크게 다음과 같이 몇 가지 방법으로 나눌 수 있으며, 이

를 종합적으로 활용하기도 한다. (종합정리의 실례 참조)

1) 체계적 정리

문장의 긍정형, 부정형, 의문형, 일반형, 진행형, 미래형 등에 대해 체계적으로 정리한다.

2) 비교형 정리

중국어 관련 문형을 비교하거나 한국어에서 대응되는 표현 형식을 비교한다.

3) 실례형 정리

학생이나 교사가 말한 해당 문법구조가 포함된 문장을 사용함으로써 문법의 일반적 규칙을 정리한다.

4) 질문형 정리

교사의 질문에 답하게 함으로써 학생과 함께 문법을 정리한다.

- 문법 종합 정리의 실례

일반적으로 실제 수업에서는 앞에서 소개한 문법 정리 방법 가운데 몇 가지를 함께 활용하여 진행한다. 시량보어를 정리할 경우 교사는 다음과 같은 질문을 통해 문법구조에 대한 이해를 돕는다.

教师: 今天你们学会了一些什么句子?

学生: (시량보어를 지닌 몇 개의 문장을 말한다.)

教师: 很好。谁能告诉我一个公式。

学生: S + V + O + V + 了 + 时量补语。

教师: 很好。S + V + O + V + 了 + 时量补语。

(말하면서 이 공식을 칠판에 적는다.)

要是你还没有做, 只是打算做, 应当怎么说?

学生: 嗯, S + V + O + V + 时量补语。

教师: 很好。S + V + O + V + 时量补语。

(말하면서 이 공식을 앞의 공식 위에 적는다.)

要是没有宾语, 应当怎么样?

学生: S + V + V + 时量补语。

教师: 嗯, 对吗?

学生: S + V + 时量补语。

教师: 要是你学汉语还不到一年, 你怎么说?

教师: 我学汉语学了还不到一年。

教师: 很好。公式。

学生: S + V + O + V + 了 + 还不到 + 时量补语。

教师: 很好。(공식을 칠판에 적는다.)

요약 정리

문법은 언어 형성의 규칙, 다시 말해 올바른 문장을 만들기 위한 규칙으로 의사소통의 기본이다. 문법 교수법의 최종 목표 또한 실제 의사소통 능력의 배양에 있다. 따라서 초기 연습에서는 언어 형식의 학습에 치중하다가 점점 더 의미에 관심이 주어지게 된다. 문법 지도를 하기 위해 교실에서 흔히 사용하는 방법에는 문법 제시 방법, 문법 설명 지도 방법, 문형 연습 지도 방안, 문법 정리 등이 있다.

중국어 문형 연습은 기계적 연습, 유의적 연습, 의사소통적 연습의 순서로 진행되는데 이는 정확성과 유창성을 요구하는 의사소통 능력 배양에 효과적이다. 중국어 문법 지도에 있어서 가장 중요하게 고려되어야 할 점은 문법 항목과 관련하여 학생의 호기심을 충족시킬 수 있는 자연스러운 언어 환경의 조성이고 다양한 기계적 연습과 유의적 연습을 통하여 거의 자동적으로 문형을 학생에게 입력시켜야 한다. 특히 비중화권 환경에서 중국어를 가르치는 상황에서는 의사소통적 문형 연습이 더욱 큰 의미를 지닌다고 볼 수 있다.

오류수정 단계에서는 교사가 문법 규칙을 직접 설명해 주기보다는 학생 스스로 이끌어 내게 할 때, 그리고 모든 오류를 수정하기보다는 선택해서 수정할 때가 더 효과적인 전략이 될 수 있다. 이 모든 과정은 학생의 수준과 성격, 교실 분위기 등을 고려하여 구체적으로 계획되어야 하는데 교사의 문법 지식과 교수 방법에 관련된 지식이 문법 지도의 성패를 좌우할 것이다.

제 **5** 장

듣기 교수법

<u>제5장</u> **듣기 교수법**

듣기는 언어 교육에 있어서 가장 기본이 된다. 교실에서 활용할 수 있는 중국어 듣기 연습에는 두 가지 유형이 있다. 하나는 읽기 수업과 병행하여 진행하는 듣기 연습이고 다른 하나는 독립적으로 진행하는 듣기 능력 향상을 위한 수업으로 보통 '듣기 수업'이라고 일컫는다. 본 장에서는 '듣기 수업'에서 진행되는 교수 방법에 대해 중점적으로 다루고자 한다. 듣기 연습 단계는 크게 다음의 몇 가지로 나눌 수 있다.

첫째, 발음 듣기

발음 듣기 단계는 주로 음소, 단음절, 다음절, 그리고 성조를 식별할 수 있게 도와주는 학습 단계이다. 이러한 연습은 학생의 중국어 듣기 능력 배양에 도움을 줄 뿐만 아니라 말하기 능력 향상에 있어서도 중요한 수단이 된다. 발음 듣기의 교수 방법에 관해서는 본 서의 제1장 발음 교수법에서 이미 다루었기 때문에 여기서는 생략하기로 하겠다.

둘째, 문장 듣기

엄격히 말하자면 문장 듣기 단계는 본격적인 듣기 연습이기보다는 일종의 준비 단계로 볼 수 있다. 문장 듣기는 보통 대화 듣기 단계나 단문 듣기 단계에서 다루어진다. 본문 내용을 듣기 전에 단어를 식별하고 문장을 이해하는 등의 연습을 진행하고 난 후 본문에 나오는 어휘와 문법 항목을 예습함으로써 그 다음 단계를 준비한다.

셋째, 대화 듣기

대화 듣기 단계에서는 실제적이고 친근한 주제들을 선정하여 학생들로 하여금 사건 발생 장소와 등장인물들의 신분과 직업 등을 쉽게 이해할 수 있게 한다.

넷째, 단문 듣기

단문 듣기 단계에서는 주로 정보를 얻거나 생각을 정리하고, 본문의 내용을 이해하는 것에 치중한다.

다섯째, 멀티미디어 자료 사용

멀티미디어 자료란 OHP, TV, 영화, 오디오 등을 말한다. 이러한 멀티미디어 자료들을 수업 시간에 활용하면 본문 내용을 이해하는 데 도움이 될 뿐만 아니라 수업에 흥미를 더해줄 수 있다.

여섯째, 실제 언어자료 사용

이 단계에서는 실제 대화, 신문 방송, 일기예보, 광고, 문학작품 및 교사가 실제 수업 시간에 녹음한 것이나 촬영한 것 등 중국인이 일상생활 속에서 사용하는 실제 언어 자료를 사용할 수 있다. 실제 언어 자료 사용은 듣기 교수법의 진정한 목적으로 이러한 측면에서의 연습을 강화함으로써 학습자 중심의 수업을 진행할 수 있다. 이 여섯 가지 듣기 지도 방법들은 서로 별개의 것이 아니라 점층적인 관계로 초급 수준에서 고급 수준으로 난이도를 높여가면서 연습을 진행할 수 있다. 물론 듣기 연습 단계 중 일부를 다른 언어 기능에서 자연스럽게 통합할 수 있다.

1. 문장 듣기 지도

듣기 수업에 있어 문장 듣기는 매우 중요하다. 이는 짧은 문장을 듣고 이해하는 것이 담화와 기타 장문을 듣고 이해하기 위한 초석이 되기 때문이다. 본 장에서는 특히 문장 끊어 읽기, 억양과 강세, 그리고 혼동하기 쉬운 단어를 구별하는 연습에 비중을 두었다. 이러한 연습은 듣기 능력을 향상시키기 위한 효과적인 교수 방법이기도 하다.

1) 모방 연습

녹음 자료나 교사의 발음을 그대로 따라하는 초보적이고 기계적인 연습이다. 이런 모방 연습은 학생으로 하여금 발음과 문장을 연습하게 함으로써 문장 이해력을 강화시키고 동시에 말하기 능력을 향상시킨다. 또한 모방 연습은 흔히 듣기 수업 시간에 학생의 틀린 대답을 수정해 주는 데 사용된다. 모방 연습에 관해서는 제1장 발음 교수법과 제3장 말하기 교수법에서 이미 소개한 바 있다. 여기서는 듣기 능력 향상과 관련된 세 가지 교수 방법에 대해 소개하겠다.

(1) 끊어 읽기 모방

끊어 읽기는 중국어 발음 수업의 주요 특징이기도 하다. 정확하게 끊어 읽기를 파악하는 것은 말하기 능력과 듣기 능력을 향상시키는 데 매우 중요하다.

> 교사 : 从学校　坐公共汽车去动物园　要换几次车?
> 학생 : (교사 따라 끊어읽기)
> 교사 : 咱们每天早上六点起床去操场跑步怎么样?
> 학생 : (교사 따라 끊어읽기)

(2) 강세 모방

강세 또한 듣기 능력 향상을 돕는 중요한 초분절음적 요소이다.

> 교사 : 王老师住在二十一楼。
> 학생 : (교사 따라 읽기)
> 교사 : 这才是我的自行车。
> 학생 : (교사 따라 읽기)

(3) 억양 모방

억양도 중국어 발음의 중요 특징 중 하나로 문장의 의미가 대부분 이 억양에 의해 표현된다. 그러므로 정확한 억양을 습득하는 것은 곧 화자가 하는 말의 의도를 정확히 이해하는 것으로 억양을 모방하는 것은 중국어 학습자에게 있어서 매우 중요한 의미를 지닌다.

> 교사 : 你没听见他说的话? (끝을 올린다)
>
> 학생 : (교사 따라 읽기)
>
> 교사 : 我没听见他说的话。(끝을 내린다)
>
> 학생 : (교사 따라 읽기)

2) 강세와 억양

(1) 강세

교사나 녹음 자료의 문장을 듣고 그 문장에서 강조하는 부분을 선택하게 한다.

> 교사 : 我喜欢旅行。
>
> 학생 : 旅行。
>
> 교사 : 请你把这本书放在桌子上。
>
> 학생 : 你。

● 강세에 따른 질문

교사가 들려주는 문장 중 강조하는 부분에 근거하여 질문하게 한다. 이러한 연습은 문장의 강조점을 구별해 내는 능력을 배양시켜 주고 중국어로 의문형을 만들어 구사할 수 있게 한다.

> 교사 : 我买了三张下星期三的电影票。
>
> 학생 : 你买了三张什么时候的电影票?
>
> 교사 : 去上海的旅客在这边上车。

(2) 억양

교사가 들려주는 문장을 듣고 그 유형을 선택하게 한다.

> 교사 : 我走进教室的时候，他们正在说什么
> ?(의문문)　　　　　。(평서문)
> 교사 : 这件事我就是不知道嘛
> ?(의문문)　　　　　。(평서문)

3) 받아쓰기

문장을 듣고 받아쓰게 한다. 받아쓰기는 외국어 교수 방법에 있어서 매우 중요한 연습 항목임을 본 서에서 여러 번 언급한 바 있다. 듣기 수업에서의 받아쓰기는 학생들이 보편적으로 틀리기 쉬운 것으로 다루어야 한다.

> 교　사 : 他是俄国人。('俄国'는 '德国'와 혼동하기 쉽다.)
> 연습장 : ______________________________
> 교　사 : 这个人太可气了。('可气'는 '客气'와 혼동하기 쉽다.)
> 연습장 : ______________________________

4) 빈칸 채우기

문장을 듣고 알맞은 답을 골라 빈칸을 채우게 한다. 빈칸 채우기 연습 또한 학생들이 일반적으로 틀리기 쉬운 내용으로 다루어야 한다.

교　사：中国有个陕西省。

연습장：中国有个 ________ 省。

　　　　(1) 山西　　　　　(2) 陕西

교　사：现在他正在船上睡觉呢。

연습장：现在他正在上睡觉呢。

　　　　(1) 床　　　　　(2) 船

5) 단어 찾기

(1) 문장 속에 나온 단어 찾기

교사가 일련의 단어를 판서하고 난 후 학생으로 하여금 문장을 듣고 그속에 나온 단어를 칠판에서 찾게 한다. 칠판에는 다음과 같은 단어들이 적혀 있다.

香蕉　梨　葡萄　苹果　桔子　西瓜　桃

교사：安丽不爱吃香蕉。

학생：香蕉。

교사：王林从来不买葡萄。

학생：葡萄。

교사：中国南方没有苹果。

……

(2) 관련어 찾기

교사는 일련의 단어를 제시하고 문장을 들려준다. 학생으로 하여금 자신이 들은 문장의 의미와 관련된 단어를 찾아 말하게 한다.

贵　远　脏　简单　高兴　便宜
冷　累　难　舒服　聪明　干净

교사 : 今天风很大，我骑自行车来的。
학생 : 脏（累，冷）。
교사 : 王林今天没来上课。
학생 : 不舒服。
교사 : 昨天考试小王不到一小时就出来了。
학생 : 简单。

(3) 설명 듣고 맞는 단어 찾기

교사는 일련의 단어를 제시하고 한 문장으로 그 단어의 의미를 설명한다. 학생으로 하여금 교사의 설명을 듣고 맞는 단어를 찾아 말하게 한다.

词典，录音机，笔，台灯，黑板。

교사 : 你想知道外语的发音时，用它很方便。
학생 : 词典。
교사 : 有了它，你回到宿舍还能听到老师的话。
학생 : 录音机。
교사 : 写字用的东西。
학생 : 笔。

　이러한 수업 방법을 본문의 새 단어를 학습할 때 집중적으로 활용해도 좋다. 연습 시에는 단어들을 몇 가지로 분류해 놓고 학생으로 하여금 단어를 골라 설명하게 한다. 해당 단어가 들어가지 않도록 설명해야 하며 동작으로 보충해도 좋다.

6) 빠르게 대답하기

　교사는 빠른 속도로 문장을 말하고 그에 대해 학생에게 질문한다. 그리고 교사의 질문에 빠르고 간단하게 대답하게 한다. 이는 짧은 문장을 연습하는 데 활용할 수 있고 학생이 신속하게 정보를 습득하는 능력을 배양하는 데 효과적이다.

> 교사 : 他昨天丢了一件毛衣。他的毛衣怎么了?
> 학생 : 丢了。
> 교사 : 我上个月在上海认识了一位青年作家。我是在哪儿认识他的?
> 학생 : 上海。

7) 말 이어가기

　교사가 앞 문장을 말하고 난 후 학생으로 하여금 의미상 관련된 문장으로 뒤이어 말하게 한다.

> 교사 : 这种筷子不是用竹子做的,
> 학생 : 是用木头做的。是用铁做的。
> 교사 : 他这几天心情不好,
> 학생 : 他可能跟女朋友吵架了。他可能考试考得不好。
> ……

8) 맞는 문장 찾기

(1) 비슷한 문장 찾기

문장을 듣고 연습장에 제시된 3~4개의 보기 중에서 가장 유사한 문장을 고르게 한다.

녹음 자료	연습장
你怎么不早点儿说啊？	a 你为什么不说？
	b 你说得太晚了。（ ○ ）
	c 你说得太早了。
	d 你说什么呢？
我好容易才找到钥匙。	a 钥匙找到了，很容易找到。
	b 钥匙找到了，很难找。（ ○ ）
	c 钥匙还没找到，但是很容易找。
	d 钥匙没找到，太难找了。

(2) 옳고 그름 판단하기

문장을 들려주고 연습장에도 이와 비슷한 문장을 제시한다. 연습장의 문장은 교사가 말하는 의미와 일치한 것도 있고 일치하지 않는 것도 있다. 학생으로 하여금 두 문장 간의 의미상 일치하는지의 여부를 판단하도록 한다. 이러한 연습은 학생이 문장의 의미를 정확히 이해하고 있는가를 확인할 때 사용한다.

녹음 자료	연습장
我们要毕业了。	我们快毕业了。（○）
小王要买这张桌子。	小王想卖这张桌子。（×）
图书馆有过这种杂志。	图书馆里有这种杂志。（×）

문장의 의미에 대한 설명을 듣고 원래 문장의 의미와 일치하는지의 여부를 맞추게 한다.

교사 : 安丽说："这件毛衣挺不错的，就是太贵了。"
　　　安丽没马上决定买。
학생 : 对。
교사 : 王林说："我以为安丽真不来呢！"安丽没来。
학생 : 错。
교사 : 丁云说："有时间我再陪你去吧。"丁云今天不能去。
학생 : 对。

9) 맞는 그림 찾기

교사는 여러 장의 그림을 준비하거나 칠판에 그림을 그려둔다. 학생으로 하여금 교사나 녹음 자료가 들려주는 문장을 듣고 맞는 그림을 고르게 한다.

그림 8 ▎ 그림을 활용한 문장 듣기 지도 1   **그림 9 ▎** 그림을 활용한 문장 듣기 지도 2

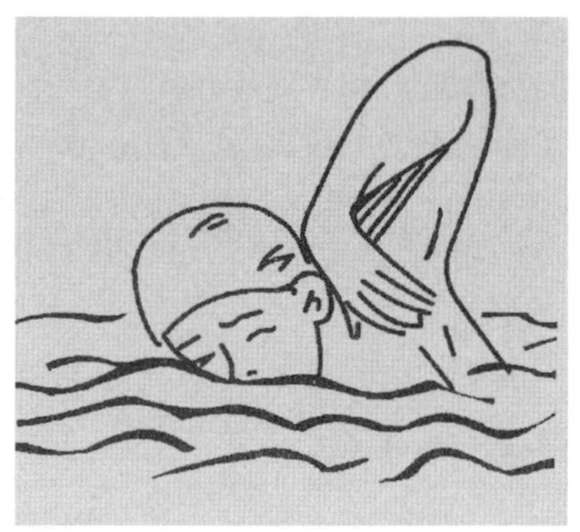

그림 10 ▎ 그림을 활용한 문장 듣기 지도 3

교사 : 李刚在楼下打网球呢。

학생 : (그림 8을 가리킨다.)

교사 : 王林去北戴河了，现在他又可以游泳了。

학생 : (그림 9를 가리킨다.)

교사 : 安丽跟男朋友听音乐去了。

학생 : (그림 10을 가리킨다.)

10) 명령에 따라하기

명령에 따르는 연습을 통하여 듣기 훈련을 하는 것이다. 교사나 녹음 자료의 지시에 따라 감정을 표현하거나 행동하게 한다. 이러한 연습은 교실에서 개별 활동 혹은 집단 활동으로 동시에 진행해도 좋다.

교사 : 你的朋友总是失约，现在你很生气。
학생 : (지시한 대로 표정을 짓는다.)
교사 : 王林，请你把教室后面那扇窗户打开。
학생 : (지정한 창문을 연다.)
교사 : 请穿白色运动服的同学到前面来，用红色粉笔写一个字。
학생 : (지정자는 앞으로 나와 지시한 행동을 따른다.)

2. 대화 듣기 지도

1) 숫자 받아쓰기

교사나 녹음 자료가 들려주는 숫자를 받아쓰게 한다. 언어 교육에 있어서 숫자를 듣고 말하는 것은 비교적 어려운 일이다. 그러나 숫자는 일상생활에서 흔히 사용하는 것이기에 숫자를 듣고 말하는 연습은 자주 진행되어야 한다. 또한 숫자 듣기 연습은 중국어를 빨리 이해하고 순발력 있게 반응하는 능력을 높이는 데 효과적이다. 숫자 받아쓰기 연습으로는 전화번호, 우편번호, 차량 번호, 주민등록번호, 여권 번호, 열차 시간, 열차 운행 순서, 기차 차량 번호, 버스 번호, 학번 등을 들 수 있다.

녹음 자료	연습장
남 : 你的学生证号码？	
여 : 456300。	(1) 学生证号码 ＿＿＿＿＿
남 : 你的电话号码？	
여 : 5032401。	(2) 电话号码 ＿＿＿＿＿

녹음 자료	연습장
여 : 请问您的姓名？	
남 : 王林。	(1) 姓名＿＿＿＿
여 : 您的电话号码？	
남 : 2017531转2053。	(2) 电话号码＿＿＿＿
여 : 您的账号？	
남 : 083240。	(3) 帐号＿＿＿＿
여 : 您要接通的电话号码？	
남 : 734124。	(4) 对方电话号码＿＿＿＿

2) OX 문제

대화를 듣고 난 후 연습장에 제시된 지문을 읽으면서 질문에 대해 옳고 그름을 판단하게 한다.

대화
A : 同志，请问现在几点了？

B: 七点差一刻。

A: 糟糕，可能来不及了。

B: 您去哪儿?

A: 海淀影剧院。

B: 电影几点开始?

A: 七点半。

B: 来得及，还有四十五分钟呢!

A: 噢，对不起，我听错了，我以为七点一刻了呢。

질문

(1) 看电影的人会不会晚?

(2) 他为什么说 "糟糕"?

(3) 现在几点了?

연습장

(1) 不会。(○)

(2) 他以为离电影开演还有四十五分钟呢。(×)

(3) 七点一刻。(×)

3) 선다형 문제

　대화와 질문을 듣고 연습장에 있는 4개의 보기 중에서 정확한 답을 고르게 한다.

대화

여: 小刘，怎么不高兴啊?

남: 怎么能高兴呢? 就这一间房子, 家具没有地方放,
  三个人一张桌子, 孩子一放学, 你就别想看书。
여: 那有什么办法, 着急也没用。
남: 我早晚要离开这个家, 说不定明天就走。
여: 这都是气话, 还是要耐心点儿。

질문과 보기

(1) 男的有什么问题? (c)

    a   不想学习   b   和爱人有矛盾

    c   房间太小   d   家具太多

(2) 男的离开家没有? (d)

    a   早上离开了家   b   晚上离开了家

    c   明天一定离开家   d   还没有离开家

4) 듣고 대답하기

대화나 단문을 듣고 내용과 관련된 질문에 대답하게 한다.

대화

남: 昨天的电视剧怎么样?
여: 很有意思。男主角演得不错, 音乐也很美。
남: 不过, 我更喜欢那个女主角, 她表演得更自然, 而且长得也漂
  亮。
여: 看来, 我们的看法不太一样。
남: 不过, 我们都认为这个剧的内容不错, 至少在这一点上我们
  是一致的吧。

여: 这倒是，……对了，今天晚上演下集，你到我这儿来看吧。
남: 好，我一定来。

문제

(1) 他们两个人对这个电视剧有什么不一样的看法？
(2) 他们两个人对这个电视剧有什么一样的看法？
(3) 今天晚上他们要做什么？

다음 연습은 관련 배경지식을 이해함으로써 대화의 내용을 정확하게 파악하는 연습을 하는 데 도움이 된다. 이는 언어 듣기시험에서 자주 출제되는 방식이기도 하다.

대화 내용

여: 你们这儿有什么有名的菜？
남: 您看菜单啊，哪个菜都有名儿。
여: 都有名？！我听说只有三个有名。
남: 三个？菜没名儿怎么卖啊？
여: 我跟你说的不是一回事儿。
남: 我跟您开个玩笑。我们这儿的红烧鱼很好吃。
여: 我喜欢吃海味。就来一个。
남: 我知道了，请您等一下，一会儿就来。

문제

(1) 这两个人谈话的地点在哪儿？
(2) 男的是一个什么样的人？
(3) 女的可能是什么地方的人？

5) 듣고 요약하기

대화 내용을 듣고 중요 사항을 간단히 요약하게 한다.

대화 내용

丁云：喂，您好。您找谁?

张力：您好。安丽小姐在吗? 我姓张，我是他的朋友。

丁云：她刚出去。您有急事吗? 我可以转告她。

张力：我想请安丽看京剧，是明天晚上的。

丁云：明天晚上几点?

张力：七点。

丁云：什么名字?

张力：《孙悟空》。

丁云：在那个剧场?

张力：在人民剧场，我在门口儿等她。

丁云：好。我告诉她。可是我不知道她是不是一定去。

张力：我明天上午8点到11点半在办公室，请她给我回个电话。

丁云：那好吧。再见!

연습장

녹음 자료를 듣고 다음 내용을 참고하여 요약하세요.

(1) 来电话人姓名

(2) 看京剧的时间，地点，京剧名

(3) 回电话的时间，地点

학생 (모범 답안)

　　张先生来电话，明晚7:00以前在人民剧场门口等安丽。看京剧《孙悟空》，明天上午8:00~11:00给张先生的办公室回电话。

6) 그림 보고 맞추기

연습장에 도표나 그림을 그리게 하되 지명은 숫자로 표시하게 한다. 그리고 대화를 주고 난 후 질문한다. 자신이 들은 내용에 따라 그림의 숫자를 구체적인 지명으로 바꾸게 한다.

대화 내용

남: 小杨，有个朋友给我寄来了两张京剧票，你想不想看？

여: 哪天的？哪个剧场？

남: 星期一晚上的，在工人俱乐部。

여: 星期一不行。再说，也太远了。

남: 是吗？我还真不知道怎么走。

여: 咱们不是去过陶然亭公园吗？就在陶然亭公园北面一点。

남: 是够远的，陶然亭在哪儿我都忘了。

여: 你坐15路汽车，在虎坊桥下车。工人俱乐部就在车站附近，很好找。

남: 我得骑车去，我想顺便还车。从那儿去北京体育馆方便吗？

여: 方便。你看完京剧出来，顺着15路汽车路线一直往东，过了天坛公园就到了。

1	2	3	4	5
工人俱乐部	15路车站	陶然亭公园	天坛公园	北京体育馆

3. 단문 듣기 지도

1) 전달하기

교사가 한 학생에게 이야기를 들려주고 그 이야기를 다른 학생에게 전달하게 한다.

교사: 王兰，明天咱们不去参观了，因为没有车。明天8点上课。
　　　请你告诉丽丽好吗?
학생: 丽丽，老师说明天咱们不去参观了，因为没有车。明天上课。

2) 그림 보고 찾기

그림 약도를 칠판에 붙이고 단문을 들려준다. 그리고 학생으로 하여금 자신이 들은 장소나 노선을 가리키게 한다.

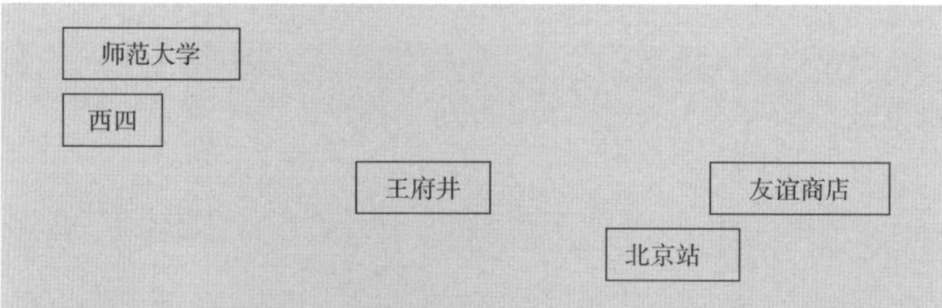

교사: 星期五下午，小王去北京站送朋友了。从北京站出来，他
　　　坐9路汽车去友谊商店买了点儿东西。在友谊商店，小王遇
　　　到了小李，他们又一块儿去王府井逛了一会儿。在那儿吃
　　　了晚饭，坐3路汽车在西四换22路汽车，到师范大学顺路去
　　　看了看在那儿学习的朋友。

3) 선다형 문제

먼저 단문을 들려주고 그 내용에 근거하여 질문을 한다. 그리고 연습장에 주어진 3~4개의 보기를 보고 정답을 고르게 한다.

녹음 자료

看到的和想到的

我从台湾回到大陆已经六个月了。我的老家在广东，但是我家已经有五代生活在台湾了。我回来后，国家分给我两套住房，房费非常便宜。我的几个孩子都进了学校。我看到这里的老师工资低，学费低，但是老师教得很好。我在台湾是电影导演，我回来还要当电影导演。

我在北京生活了半年，对这个城市的印象非常好。但是，我看见很多人上街买东西找不到休息的地方，有的人就坐在马路边上休息。我想，为什么不在街道旁边放一些椅子或者多开些茶馆，咖啡厅呢？

最后我想说，能成为一个北京市民，觉得很高兴。

녹음 자료의 질문과 연습장의 보기

(1) 作者是什么人? （a）

　　a. 一个刚回大陆半年的台湾人，老家在广东。

　　b. 一个刚到北京6个月的华侨，老家在台湾。

　　c. 以前是电影导演，老家在北京。

　　d. 现在是电影导演，在台湾生活过多年。

(2) 他对北京的哪些情况不满意？（d）

    a. 住房不够大。   b. 教师工资太低。

    c. 学校教育质量差。   d. 茶馆儿太少。

(3) 他对自己的哪些情况满意？（d）

    a. 房费低，自己找到了工作。

    b. 孩子都上学了，买东西很方便。

    c. 孩子的学费低，自己的工资高。

    d. 孩子的老师教得好，自己还可以做自己喜欢的工作。

4) 도표 완성하기

녹음 자료를 듣고 주어진 도표의 빈칸에 수량과 가격을 기입하게 한다.

녹음 자료

去南方旅行前，王林买了不少东西准备路上用。南方常下雨，王林买了一把雨伞，花了十二块三。王林听从朋友劝告，买了六米棉布，一米三块六，到小摊上做成一个简易睡袋，花了四块钱。这样他就能放心地住收费低的小旅馆了。另外，他还买了一个手电筒，四块七；治头疼，肚子疼的药各一盒，共六块二；还订购了一张火车硬卧票，一百二十块四毛，订票费四块。王林想计算一下儿，旅行前用了多少钱？

도표

货物名称	数量	价格
雨伞		
棉布		
手工费（睡袋）		
药		
火车票		
订票费		
合计		

5) 연결하기

녹음 자료를 듣고 서로 연관된 내용을 연결하게 한다.

녹음 자료

我们班的同学是从全国各地来的。王林是从北京来的，24岁，身高一米八二；张三是南京人，大学刚毕业，22岁，才一米五八；安丽是上海人，20岁，身高一米七八；李刚是西安学生，26岁，身高一米八五；丁云是漂亮的杭州姑娘，25岁，身高一米六六。我们在一起学习，一起生活，像兄弟姐妹一样。

연습장

20岁　李刚　1.78米

24岁　丁云　1.58米

22岁　安丽　1.85米

26岁　王林　1.66米
25岁　张三　1.82米

6) 대상물 맞추기

도시, 사물 혹은 인물의 특징을 묘사하는 내용을 들려준 후 학생으로 하여금 묘사한 대상이 무엇인지 맞추게 한다. 묘사 대상은 학생들에게 친숙한 것으로 선정하는 것이 좋다.

교사 : 这是一个和平的，美丽的国家，国土不大，人民富有，这个国家同时使用好几种官方语言，一般人也会说两三种语言。这个国家制造的手表很有名。
학생 : 瑞士。
교사 : 这个城市在中国是很特别的。那儿的人大多数信佛教。大多数内地人没去过，外国人很喜欢去那儿旅行。但是，去那儿不容易，因为不通火车，只能坐飞机或汽车。另外，外地人在那儿不适应，会头疼，心脏感觉不舒服，因为那儿是世界上最高的城市。
학생 : 拉萨。

7) 그림 그리기

쉽게 그려낼 수 있는 내용을 들려준 후 칠판 앞으로 나와 그림을 그리게 한다. 학습에 흥미를 더하기 위해 짝 활동으로 하게 한다거나 몇 개의 조로 나누어 조원들이 협동하여 그릴 수 있게 한다.

> 교사: 我家有三个房间，每个房间有一个窗户。房子前边儿有一
> 个小院子，院子里种着树和花儿，我的自行车也放在院子
> 里。我家房子后边儿有一条小河，河里有一条小船。船是我
> 家邻居的。马路离我家不远。这条马路离城里很远，所以很
> 安静，没有公共汽车，只有一两辆小汽车和自行车。

여기서는 3명의 학생이 한 조로 구성되어 각각 정원, 강 그리고 도로를 그리게 하면 된다. 이러한 지도 방법은 학교 평면도나 여러 가지 도형을 그리는 데 활용할 수 있다.

8) 역할극

교사는 학생들에게 이야기를 2~3번 들려주고 이에 대해 역할극(表演)을 진행할 수 있도록 옆에서 지도해 준다. 교사는 장면이 적거나 동작이 필요한 이야기를 선정하고 간단한 교구를 활용해도 좋다. 이야기 내용에 따라 한 명 혹은 반 전체 학생 모두가 역할극에 참여할 수 있다. 이러한 수업 방법은 단문 연습 혹은 실제 언어 자료 연습 단계에서 활용하기에 적당하다. 가령, 〈결혼식〉, 〈자리 양보하기〉, 〈술자리〉 등의 이야기가 역할극의 소재로 좋다. 다음 이야기는 네 명의 학생이 역할극을 진행할 수 있다.

> 교사: 有一个人喝醉了，在一座楼的门口儿出来进去好几次，他
> 觉得自己的家在这儿又好像不对。这时候，一个警察走过
> 来，问他：“你在这儿干什么呢？” 醉汉说：“我家住在这
> 儿。你不信跟我进去看看。” 警察跟他一起进去了。他们
> 来到一个房间的门口儿，醉汉拿出钥匙，开了几下，门就

> 开了。他请警察进屋，介绍道："你看，这是厨房，这是厕
> 所，这是卧室。"他打开卧室的门，开开灯，见双人床上
> 睡着一对夫妻，就向警察介绍道："你看，那女的是我妻
> 子，旁边儿那个男的就是我。"

4. 멀티미디어와 실제 언어 자료를 활용한 듣기 지도 방법

멀티미디어 자료(声像材料)와 실제 언어 자료(实际语料)를 활용한 듣기 지도는 비교적 좋은 교수 방법 중 하나이다. 이 지도 방법을 앞에서 소개한 여러 가지 듣기 교수 방법에 통합하여 활용할 수 있다. 다음은 자주 사용되는 몇 가지 지도 방법을 소개하고자 한다.

1) 듣고 대화 만들기

학생에게 녹음 자료를 들려주거나 영상 자료를 시청하게 한 후 자신이 보고 들은 내용에 근거하여 담화를 만들어 보게 한다. 가령, 교사가 일기 예보에 관한 녹음 자료를 들려준 후 그에 대해 질문한다.

녹음 자료

> 现在播送今天早上六点发布的北京地区天气预报：今天白
> 天，晴间多云，北部山区有小阵雨；风向，南风；风力二三级；
> 最高气温26度。今天夜间，多云转晴；风向，南转北；风力三四
> 级；最高气温22度。明天白天晴。

녹음 내용을 듣고 교사는 다음과 같은 상황을 설정해 준다. 내일 '安丽'
는 친구와 '香山'에 가기로 했는데 날씨가 어떨지 몰라 '王林'에게 내일의
날씨를 물어본다.

安丽：明天我和朋友去香山玩儿，我们打算骑自行车。哎呀，糟
　　　糕，我忘了听天气预报了。你能告诉我明天天气怎么样
　　　吗？
王林：明天是晴天，祝你们玩儿得愉快！
安丽：王林，今天晚上冷不冷啊？　有没有风啊？
王林：夜里最低气温是22度，有三四级风，还不算冷。

2) 듣고 대답하기

녹음 내용을 듣고 교사의 질문에 대답하게 한다. 상업 광고나 비디오를
보여준 후 판매 상품, 판매 장소 등을 질문하거나 학생으로 하여금 질문
하게 한다. 실제 광고는 말의 속도가 빠르므로 상품의 정보를 정확히 이
해하기 어렵다. 이러한 연습을 통해 학생들의 연상 능력과 기억력을 향상
시킬 수 있다.

영상: 화장품 광고

교사：丁云，你用过瑞娜粉底霜吗？
학생：没用过，可是听说不错。
교사：你知道在哪儿可以买到吗？
학생：在各大商场都可以买到。你可以去五道口商场看看, 那儿化
　　　妆品挺多的。

3) 듣고 정답 고르기

녹음 자료를 듣거나 영상 자료를 보고 난 후 교사는 그 내용과 관련된 질문을 하되 몇 가지 보기를 제시해 준다. 그리고 몇 개의 보기 중에서 가장 알맞은 답을 고르게 한다. 예를 들어 학생에게 뉴스 방송 자료를 보여주거나 라디오 뉴스를 들려주고 주요 내용인 사건 발생 시간, 장소, 인물, 사건 전개 등에 관해 질문한다. 그리고 주어진 몇 개의 예시 답안 중에서 정답을 고르게 한다.

녹음 자료

　　大家都知道，洗澡对健康有好处，但是有些人刚吃完饭就去洗澡，这样做不仅刚吃下的东西得不到充分消化，而且心脏也得不到很好的休息，再加上洗澡间的空气不流通，缺少氧气，对心脏病人是有危险的。所以，心脏功能不正常的人更不应该吃了饭就洗澡。另外冬季天气寒冷，上了年纪的人洗澡也要注意，浴室要暖和些，水温却不要过高，洗的时间也不宜太长，最好家里有人照顾，以免发生意外。

문제

(1) 根据这段话，什么时候最好不要洗澡？
(2) 根据这段话，什么样的人洗澡的时候容易发生危险？

4) 듣고 요약하기

이야기를 들려주거나 영상자료를 보여주고 그 내용을 요약하게 한다. 이러한 수업 방법은 글의 주제를 파악하고 요약하는 능력을 배양시켜 줄 수 있다.

요약 정리

언어의 네 가지 기능 중에서 듣기는 가장 기본이다. 듣기 교수 방법의 목표는 실제 생활에서 보통 속도로 말하는 중국인의 말을 이해하여 이에 순발력 있게 반응할 수 있는 능력의 함양이라고 말할 수 있다. 다시 말해, 교사는 학생들이 잘 들을 수 있도록 수업시간에 듣는 기회를 가능한 한 많이 제공해 주어야 한다. 듣기 연습은 크게 발음 듣기, 문장 듣기, 대화 듣기, 단문 듣기, 멀티미디어 자료 사용, 실제 언어 자료 사용 등 몇 가지 단계로 나눌 수 있다.

듣기 연습 시 실제적이고 친근한 주제들을 선정하여 학생들로 하여금 내용을 쉽게 이해할 수 있게 한다. 실제 언어 자료 사용은 듣기 교수법의 진정한 목적으로 학습자 중심의 수업을 진행할 수 있다. 그리고 멀티미디어 자료들을 수업 시간에 활용하면 수업에 흥미를 배가시킬 수 있다. 받아쓰기는 중국어 학습에 있어서 매우 중요한 연습 항목으로 특히 듣기 수업에서의 받아쓰기는 학생들이 보편적으로 틀리기 쉬운 것으로 다루어야 한다.

여기서 소개된 듣기 지도 방법 이외에 더 효과적인 교수 방법들을 개발하여 다양한 교실 활동들을 통해 학생 수준, 학습목표에 맞게 적절하게 활용해야 한다. 듣기지도는 말하기, 읽기, 쓰기 등 다른 언어 기능과 자연스럽게 통합하여 사용하면 언어 교육에 효과적이다.

제 **6** 장

한자 교수법

〈 생각해보기 〉

• 해마다 학생들의 한자 실력이 낮아지는데 한자를 효과적으로 가르치기 위한 교사의 역할에는 어떠한 것들이 있나요?

• 많은 학생들이 중국어 학습에 있어서 가장 어려운 점이 바로 한자에 있다고 말하는데, 한자 학습에 재미와 흥미를 높여줄 수 있는 자기만의 지도 방법이 있다면 무엇인가요?

중국어 서면 형식인 한자는 중국어 교육에 있어서 중요한 위치를 차지한다. 한자는 중국어를 학습하는 사람이라면 반드시 마스터해야 할 도구이기도 하다. 하지만 한자를 인지하고 기억하여 쓰는 것이 어렵다는 것도 현실이다. 많은 학생들은 중국어 학습의 가장 어려운 점이 바로 이 한자에 있다고 생각한다. 그럼에도 불구하고 유구한 역사가 녹아 있는 한자는 정사각형의 모양에 표의문자라는 독특성으로 인해 수많은 중국어 학습자들로 하여금 재미와 흥미를 느끼게 한다. 중국어 한자 교육에 있어서 한자 자체의 규칙을 이용하여 생동적이고 직관적이며 논리적으로 교육시키는 훌륭한 방법을 개발할 수 있다면, 이는 한자 학습에 대한 어려움을 감소시킬 뿐만 아니라 한자 학습에 대한 흥미를 일정 정도 높여줄 수 있다. 본 장에서는 한자 제시 방법, 한자 설명 방법, 한자 연습 지도, 사전 찾기 등 중국어 한자 교수법에 대해 소개하고자 한다.

1. 한자 제시 방법

한자 제시의 목적은 학생에게 새로 배울 한자의 형태, 발음, 의미를 보여 줌으로써 한자에 대한 초보적 이해를 돕는 데 있다. 한자는 형태, 발음, 의미 이 세 요소를 포함하며 학생들에게 한자를 제시함으로써 비교적 짧은 시간 내에 효과적으로 잘 습득하도록 도와주어야 한다. 많이 사용되는 한자 제시 방법은 다음과 같다.

1) 그림으로 한자 보여주기

그림을 통해 한자의 의미를 보여 주고, 그림 옆에(혹은 별도로) 한자를 적어 둔다. 그리고 한자 위에 병음을 달아 설명해 준다. 이는 한자 제시에서 자주 사용되는 방법으로 그 예를 들어 보겠다.

한자 제시 방법으로는 그림 제시, 한자 모양 제시, 한자 병음 제시가 있다. 학생은 카드에 그려진 그림을 통해 한자의 의미를 한눈에 파악할 수 있다. 이는 생동적이고 직관적인 교수 방법으로 특히 카드에 그려진 그림과 한자의 모양이 비슷할 경우 훨씬 효과적이다.

그림 11 ▎ 그림을 활용한 한자 제시 방법 1

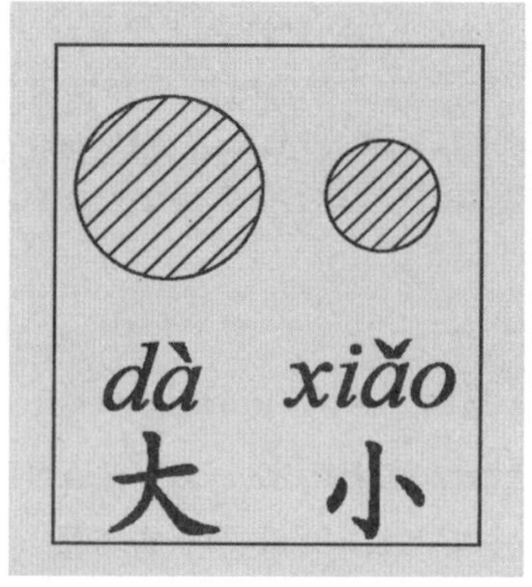

그림 12 ▎ 그림을 활용한 한자 제시 방법 2

그림 13 ▎ 그림을 활용한 한자 제시 방법 3

2) 판서로 한자 소개하기

배울 한자들을 판서를 통해 소개한다. 조건이 된다면 빔프로젝터 등을 활용해도 좋다.

(1) 판서 방법

'汉语'라는 두 한자를 판서할 경우 해당 한자의 자획이나 부수 이름도 함께 적어 읽어줌으로써 한자의 발음과 의미를 소개한다.

> " '汉语'의 '汉'은 점, 점, 왼쪽 아래서 오른쪽 위로 삐침, 가로지른 왼쪽 삐침, 오른쪽 삐침 하면 이 글자는 '汉'으로 읽습니다."
> " '语'는 왼쪽에 '말씀 언(言)'변, 오른쪽 위는 '삼(三)', '사(四)', '오(五)'의 '오(五)', 그 아래는 '입 구(口)'를 붙이면 '한어(汉语)'의 '어(语)', '언어(语言)'의 '어(语)'입니다."

한자 학습의 초기 단계에서 교사가 한자를 판서할 경우 자획, 필순, 부수, 구조 등을 중점적으로 소개한다. 그리고 학습이 후반부로 갈수록 학생은 어느 정도 한자에 대한 기본 지식이 쌓이게 된다. 그러므로 매 수업 시간에 배우는 한자의 양 또한 축적되는 까닭에 교사는 수업 전에 학습할 한자를 미리 판서하고, 쓰기 어렵고 틀리기 쉬운 한자 위주로 다시 한 번 소개해 준다. 수업 시작할 때 정사각형 칸이 그려진 칠판에 한자를 판서함으로써 학생들로 하여금 자연스럽게 한자의 구조와 획순을 파악하도록 한다. 판서를 통해 보여주기는 현행 중국어 교육에서 가장 많이 사용되는 방법 가운데 하나이다. 학생들은 교사가 직접 쓰는 모습을 관찰할 수 있기에 빠른 시간 내에 자연스럽게 한자를 익힐 수 있다. 이 방법은 판서를 통해 한자의 형태와 구조적 특징에서부터 한자의 발음과 의미까지 깊이 있게 설명할 수 있다는 장점이 있다.

(2) 판서 순서 정하기

판서를 통해 한자를 보여줄 경우 교사는 판서하기 전에 수업 상황에 따라 새로 배울 한자의 판서 순서를 정해야 한다.

① 본문에 나오는 순서대로 나열하기

한자가 본문 내용과 직접적인 연관이 있을 경우에 이 방법을 사용할 수 있다.

② 부수에 따라 나열하기

한자를 기능별로 나누어 설명하는 것이 목적인 단순한 한자 수업이라면, 교사는 한자의 특징에 따라 판서를 한다. 다시 말해 동일한 부수를 지닌 한자를 함께 적는 것이다. 가령, '汉, 淸, 泪' 등이 있다.

③ 같은 병음별로 나열하기

같은 병음을 가진 한자들을 판서한다. 가령, '靑, 淸, 轻' 등이다.

④ 구조에 따라 나열하기

수업 시간에 가르칠 새 단어를 한자 구조에 따라 분류하고, 구조가 같은 한자를 함께 모아 놓는다. 예를 들면 다음과 같다.

상하 구조 (▭): 音, 字, 是
포위 구조 (▭): 近, 建, 这

이러한 기능별 한자 교수법은 교사가 한자를 가르치거나 혹은 학생이 한자의 구조를 파악하는 데 모두 편리하다는 장점이 있다.

3) 카드로 한자 보여주기

수업이 시작하기 전에 카드에 한자를 미리 적어둔다. 수업이 시작되면 한자가 적힌 카드를 보여줌으로써 학생들이 한자를 잘 익힐 수 있도록 돕는다.

(1) 한자 카드 제작 방법

한자 카드를 만드는 방식은 다양하다. 기본적으로 한자의 형태, 발음, 의미와 관련하여 생각해 볼 수 있다. 예를 들어 다음과 같다.

그림 14 ▎ 한자 카드 제작 방법

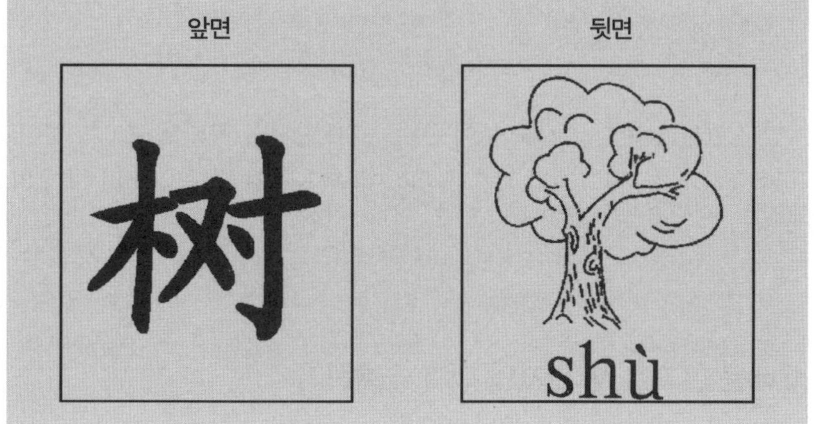

한자 카드를 만들 때 학생들의 상황에 따라 다양한 방법을 선택할 수 있다. 일반적으로 카드 한 면에 한자만을 단독으로 써놓는 것이 좋다. 이는 학생이 병음이나 우리말 번역에 의존하지 않도록 하기 위한 것이다.

또한 한자를 인지하고 정확한 발음을 읽어낼 수 있도록 하는 데 훨씬 효과적이다. 카드로 한자를 보여 주는 방법은 한자 교육 초기에 사용하는 것이 비교적 바람직하다. 왜냐하면 카드를 사용하면 편리하고 수업 시간을 절약할 수 있기 때문이다. 또한 이 방법은 수업 시간뿐만 아니라 집중적으로 한자를 복습할 때에도 활용할 수 있다.

(2) 카드 사용 방법

카드를 사용하여 한자를 제시하는 방법에는 두 가지가 있다.

① 선 병음 후 한자

먼저 병음이 적힌 카드를 보여 주고 읽게 한다. 동시에 교사는 한자의 뜻을 알려 준다. 그리고 카드를 뒤집어 뒷면에 적혀 있는 한자를 보여 줌으로써 한자의 형태, 발음, 의미에 대해 전반적으로 설명해 준다.

② 선 한자 후 병음

먼저 한자가 적힌 카드를 보여 준다. 이때 한자의 형태를 보고 그 의미를 추측하게 한다. 그리고 카드를 뒤집어 병음을 보여 주고 소리 내어 읽게 한다.

4) 배운 한자로 새 한자의 의미 추측하기

한자에 대한 기본 지식이 어느 정도 쌓이고 한자 습득이 익숙해진 후에는 이전에 배운 한자를 이용해 새 한자의 의미를 추측해 낼 수 있다. 다시 말해 배운 한자, 부수, 구조 등에 관한 지식을 이용하여 새로운 한자의 의미를 유추해 내는 능력을 배양시키는 교수법이다. 이러한 제시 방법은 한자의 부수에서 독음과 구조 등에 이르기까지 다양하게 전개할 수 있다. 다음은 가장 기본적인 방법들에 대해 소개하겠다.

(1) 배운 한자의 자획에서 추측하기

학생이 이전에 배운 '字'자를 알고 있다면, '学'자를 가르칠 때 바로 이전에 배운 '字'자에서 새 한자의 의미를 추측해 내게 하는 방법이다. 교사는 '字'라는 글자를 판서하는 동시에 '学'자가 적인 카드를 꺼내며 다음과 같이 말한다.

> "('字'를 가리키며) 이건 무슨 자입니까? 맞아요. ('学'을 가리키며) 그럼 이 글자는 '字'와 어떻게 다릅니까?"
> 그리고 칠판에 字 → 学 이라고 적는다. '学'자의 부수 윗부분은 다른 색깔로 표시할 수 있다.

(2) 배운 부수에서 추측하기

이전에 배운 '汉, 请'의 두 글자로 현재 '清'을 학습한다고 가정해 보자. 교사는 다음과 같이 판서할 수 있다.

> 汉 − 请 → 清

'汉'자 중의 ' 氵', '请'자 중의 '青' 그리고 '清'은 다른 색깔로 표시할 수 있다. 또한 학생에게 다음과 같이 설명한다.

> "清楚의 '清'에서 왼쪽 삼수변은, 汉语의 '汉'의 왼쪽 부수와 같고, '清'의 오른쪽은 '请'의 오른쪽과 같습니다."

(3) 배운 한자 구조에서 추측하기

이전에 공부했던 '谢'자로, '树'자를 가르친다고 가정해 보자. 교사는 칠판에 다음과 같은 구조도를 그릴 수 있다.

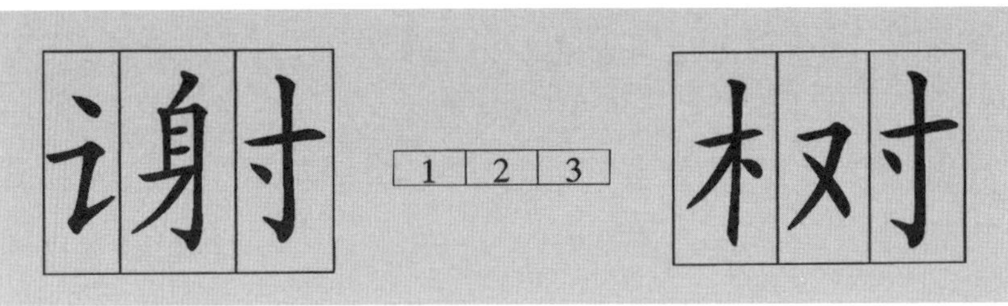

그리고 두 한자의 공통점을 명확히 알려준다.

" '谢'자는 세 부분으로 이루어진 것이고, '树'자 역시 그렇습니다."

(4) 배운 한자의 발음에서 추측하기

이전에 공부한 '青' 자로 '清, 轻'을 가르친다고 할 때, 교사는 이 세 글자를 각각 판서하고 다음과 같이 설명할 수 있다.

"이것은 青年의 '青'이고, 이 두 글자 '清, 轻'은 '青'과 발음이 같습니다."

(5) 배운 한자의 의미에서 추측하기

이전에 '江'자를 배웠고 현재 '湖, 海'자를 배워야 한다고 할 경우 교사는 다음과 같이 설명할 수 있다.

> "아주 거대하게 흐르는 물이 '江'이라면, '湖'는 어떤 의미일까요?(판
> 서하고 소리 내어 읽는다) 그럼, '湖'보다 더 거대한 물은 뭐라고 할까
> 요? '海'"(판서하고 소리 내어 읽는다)

중국어 한자 교육에 있어서 한자의 규칙을 이용하여 옛 지식과 새 지식을 체계적으로 정리해 주는 것은 중요하다. 새로운 지식 속에서 이전의 것을 끊임없이 복습하고, 역으로 이전의 지식 속에서 새로운 것을 도출해 낼 때 비로소 '온고지신'이 가능한 것이다. 이러한 지도 방법을 통해 학생들은 한자의 내부 구조에 대해 깊이 있게 이해하고 한자를 더욱 오래 기억할 수 있을 것이다.

2. 한자 설명 방법

한자의 특징을 바탕으로 한자의 형태, 발음, 의미 이 세 방면에 대해 분석하고 설명하는 것이다. 한자의 특징은 표의문자 다시 말해 뜻글자로, 한자의 모양과 그 의미 사이에는 어느 정도 관련이 있다. 그리고 한자에는 형성자(形声字)가 많으며 형성자의 성부(声符)와 의부(义符)는 각각 한자의 소리 및 뜻과 관련이 있다. 한자의 세 가지 요소와 이들 사이의 상관성을 터득하게 하는 것까지가 한자 설명 방법의 기본 지침이다. 다시 말해 한자 설명의 목적은 학생으로 하여금 공부할 한자에 대한 이해력과 암기력을 강화시켜주는 데 있다. 그리고 한자의 특징과 규칙을 이용하여 간단하고 이해하기 쉽게 포인트를 잡아가며 설명해 주는 것이 좋다. 다음은 한자 설명에 관한 방법에 대해 소개하겠다.

1) 한자 형태 설명하기

한자는 모양에 따라 그 의미를 추측할 수 있다. 한자는 상형문자에서 발전해왔기 때문에 한자의 모양은 현재까지도 상형의 일부 특징이 남아 있다. 그러므로 한자는 그 형태를 보고 의미를 파악할 수 있다. 교사는 학생에게 한자의 형태와 그것이 나타내는 의미 간의 관계를 이해시켜 주고 충분히 한자에 익숙해져 오래 기억할 수 있도록 지도한다. 다음은 한자 형태를 분석한 것이다.

(1) 독체자(独体汉字) 해석

독체자를 한자의 형태에 근거해서 해석해본다. '山, 日, 大, 人' 등의 한자를 가르칠 경우 이러한 한자들의 형태를 설명하고 한자 옆에 그 기원을 그려줌으로써 의미를 해석할 수 있다. 예를 들면 다음과 같다.

山 —— 높고 낮은 산봉우리의 모습처럼 '산'의 의미를 나타낸다.

그림 15 | 형태에 근거한 독체자 해석 1

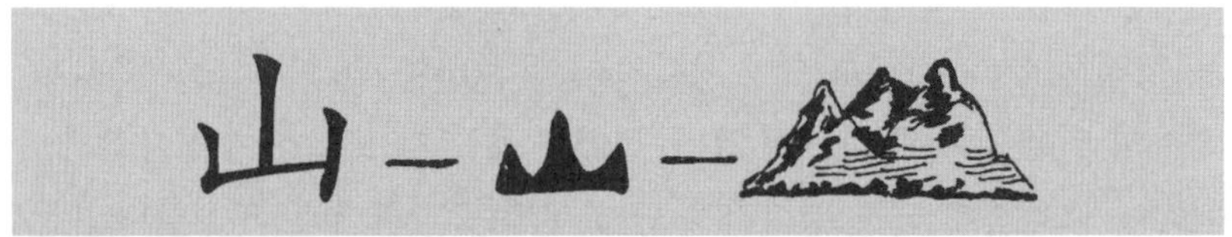

日 —— 태양의 형태(◉)와 같으나, 한자는 정방형이기 때문에 사각형으로 쓴다.

大 —— 한 사람이 정면으로 서서 양쪽 어깨를 벌리고 선 것인데, 사람들은 양손을 수평으로 뻗고 온 힘을 다해 쫙 펴면 무척 커진다고 생각했기에 이 형상을 본 따 '크다'의 의미를 나타내도록 한 것이다.

그림 16 ▎ 형태에 근거한 독체자 해석 2

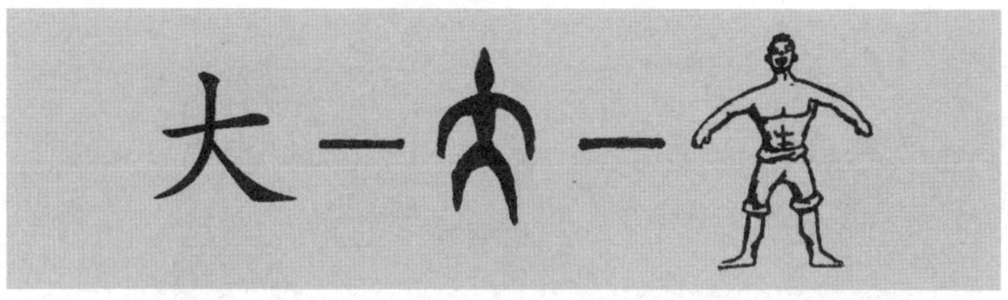

人——이것은 사람의 옆모습으로 한 사람의 모습을 본 따 모든 인간을 나타낸다.

그림 17 ▎ 형태에 근거한 독체자 해석 3

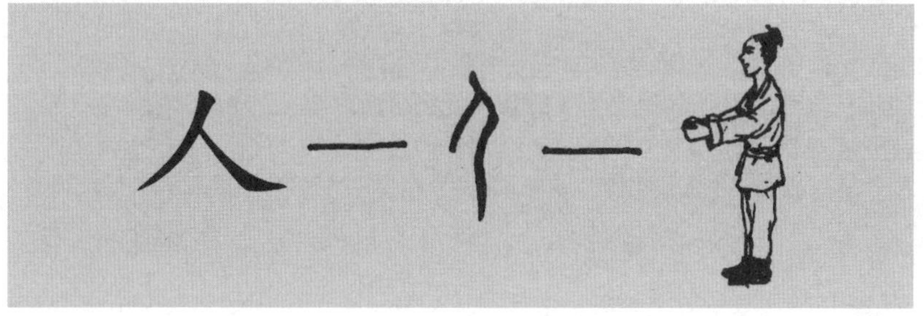

(2) 합체자(合体汉字) 해석

한자 형태의 특징에 따라 합체자에 대해 해석해보자. 예를 들어 '休, 酒, 林' 등의 한자를 가르칠 경우 다음과 같이 설명할 수 있다.

休——사람이 나무 옆에 기대어 있음을 나타낸다. 사람이 나무 아래에 서 쉬고 있으므로 '쉬다'의 의미를 뜻한다.

그림 18 ┃ 형태에 근거한 합체자 해석 1

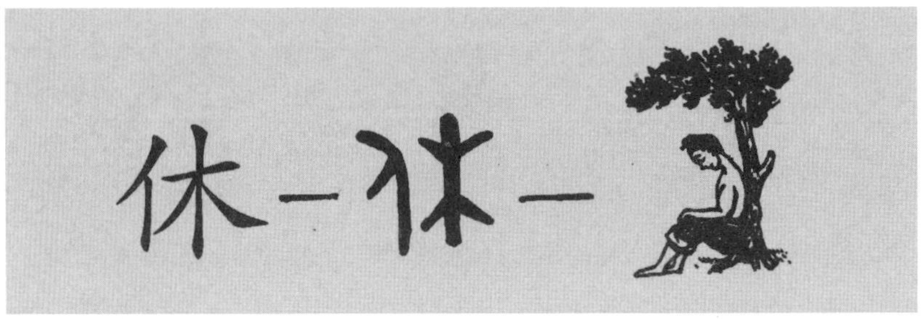

酒—— 왼쪽의 부수를 보면, 물과 같은 액체임을 나타내고, 오른쪽은 고
대에 술을 담던 단지처럼 생겼다.

그림 19 ┃ 형태에 근거한 합체자 해석 2

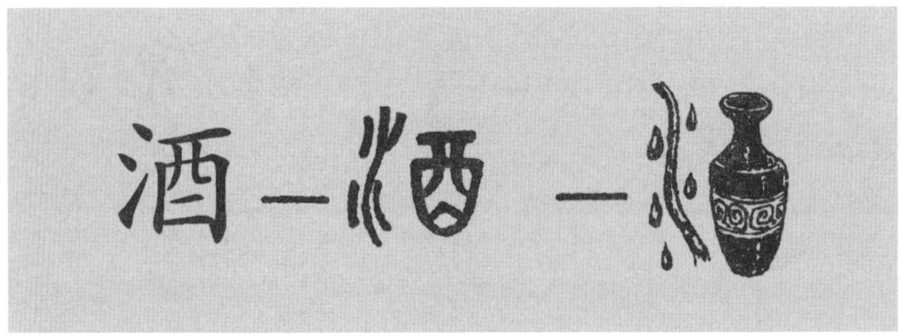

林—— 두 그루의 나무가 함께 서 있는 모습으로 나무가 많음을 의미한
다. 따라서 '林'으로 수풀을 나타낸다.

2) 한자 발음 설명하기

한자 중에서 형성자의 성부가 지니고 있는 부분적인 표음의 특징을 바
탕으로 한자에 대해 해석해 보자. 한자는 표의문자이지만, 한자 중에는
상당수의 형성자가 있다. 따라서 형성자의 성부에서 해당 한자가 갖고 있

는 발음과의 관계를 찾아낼 수 있다. 예를 들어 학생이 '方向'의 '方', '青年'의 '青'을 이미 공부했다면, 새로운 한자, 즉 '芳, 房, 访, 淸, 晴, 请' 등의 한자를 가르칠 때 이들 한자간의 발음상의 관계에 주목할 수 있다. 교사는 다음과 같이 설명할 수 있다.

> "'芳, 房, 访'는 모두 형성자인데, 이때 '方'은 음을 나타냅니다. (세 글자의 병음을 판서해도 좋다) 나머지 부분은 뜻을 나타냅니다."
> "'淸, 晴, 请' 또한 모두 형성자이고, 이들 발음은 모두 qing입니다. 다만 성조가 다를 뿐인데, '淸'은 1성으로 삼수변이 있고, 물이 맑음을 의미합니다. '晴'은 2성으로 태양의 의미를 가집니다. '请'은 3성으로 말씀 언 변이 있으며 말로 다른 사람에게 어떤 일을 하도록 청하는 것입니다."

한자의 구조에서 음을 나타내는 부분인 성방(声旁)을 바탕으로 한자의 발음을 분석하는 방법은 하나의 한자에서 여러 한자들의 의미를 추측할 수 있는 능력을 키워주며, 한자의 발음을 오래 기억할 수 있게 한다. 그러나 형성자 표음부분과 한자의 발음 자체가 모두 같은 것은 아니다. 몇몇 한자만이 발음과 성방이 같다. 다시 말해 성(声), 운(韵), 조(调) 중에서 한 부분 혹은 두 부분이 서로 같을 뿐이고 어떤 것들은 전혀 다르다. 교사는 한자의 여러 형태들을 정확히 분석한 후에 학생들에게 적절히 소개해야 할 것이다.

3) 한자 의미 설명하기

한자가 표의문자라는 특징을 바탕으로 그 의미를 해석해 보자. 다음은 흔히 사용하는 방법들이다.

(1) 그림을 통한 설명

그림을 통해 한자의 뜻을 보여 주는 방법이다. 교사가 '美'자를 가르칠 경우 머리에 깃털을 달고 어깨춤을 추고 있는 사람이 그려진 그림을 준비한다. 고대인은 이 모습이 아름답다고 생각했기 때문에 이것이 발전하여 '美'라는 글자를 이루게 되었다고 설명할 수 있다. 그림을 통한 의미 설명은 직관적이면서 명확하다. 또한 그림이 세밀하다면, 학생으로 하여금 한자 학습에 대한 흥미를 더 많이 느끼게 할 수 있다.

(2) 기원을 통한 설명

한자의 원류를 찾아 의미를 설명한다. '册'자를 설명할 경우 고대인들은 글씨를 죽간에 쓰곤 했는데, 이를 새끼줄로 한데 엮어서 책이 되었다. 한자 모양의 발전은 다음과 같다.

그림 20 ▎ 기원을 통한 한자 설명

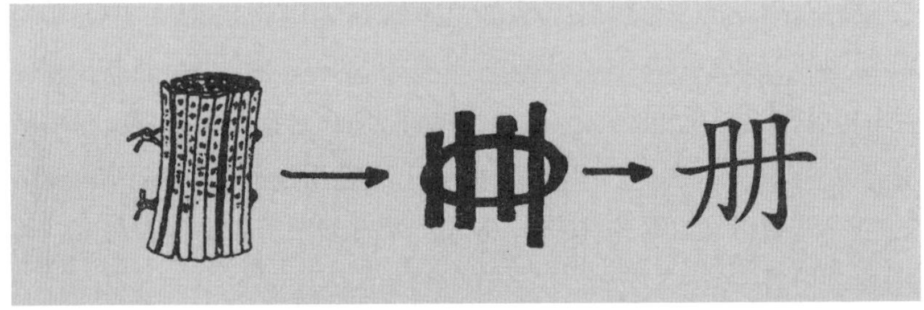

훗날 이 한자를 이용해 서적의 양사로 쓰게 되었다.

(3) 한자 구조를 통한 설명

한자를 구성하는 각 부수의 의미를 통해 한자를 설명한다. 한자의 회의자(会意字)나 지사자(指事字)는 몇몇 부수간의 관계로부터 그 의미를 설명할 수 있다. '信'자를 예로 들어보자. '信'은 바로 '인간(人)의 말(言)'이고, 따라서 편지의 의미로도 사용될 수 있다. 인간이 한 말은 책임이 필요하고, 따라서 '相信(믿는다), 信用(신용하다)' 등의 의미 또한 있는 것이다. 또한 '采'자를 살펴보면, 윗부분에 손이 있고, 아랫부분은 열매가 달린 나무 한 그루가 있다. 따라서 꽃이나 과일 등을 '따다'는 의미임을 쉽게 알 수 있다.

그림 21 ┃ 구조를 통한 한자 설명

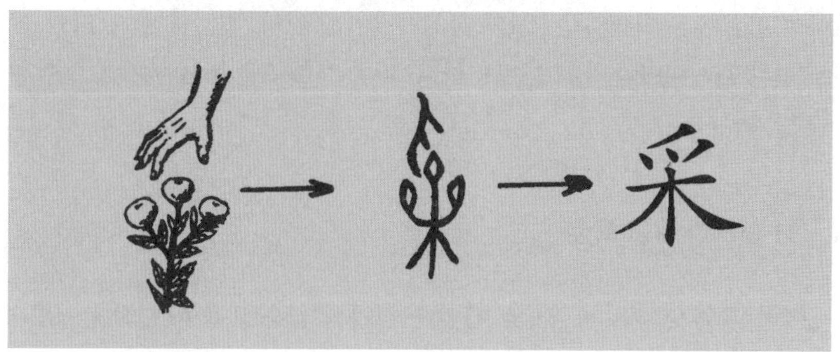

(4) 형방을 통한 설명

형성자에서 뜻을 나타내는 형방(刑旁)이 가지는 표의적 특징에 근거해 한자를 설명한다. 형방은 뜻을 나타내는 부분으로 그것의 대부분은 어떤 사물을 표시한다. 동일한 형방을 가진 한자들은 공통적인 의미를 지니게 된다. 이러한 특징을 바탕으로 편방(偏旁)의 뜻 부분을 설명해 줌으로써 한자를 깊이 있게 이해할 수 있도록 한다. 이런 방법은 학생들로 하여금 한자 구조의 특징에 대해 충분히 파악할 수 있게 한다. 이를 테면 '海'자를 가르친다고 할 때, 이 한자의 왼편에 'ㅋ'은 '水'에서 변화하여 발전한 것으로 이는 하나의 형방이며, 대개 'ㅋ'을 가진 한자는 물과 연관이 있다고 설명할 수 있다. 이때 학생들로 하여금 예전에 배웠던 삼수변을 가진 한자를 떠올리게 할 수 있고 더 나아가 어느 정도 추가 보충이 가능하다. 이처럼 학생들은 '江, 河, 湖, 浪' 등의 많은 한자를 연상하여 확장시킬 수 있으며, '氵'의 의미 또한 오래 기억할 수 있는 것이다.

4) 유추를 통해 한자 설명하기

이미 알고 있는 한자 지식을 바탕으로 새로 배울 한자의 의미를 추측하게 한다. 옛 지식을 이용해 새로운 것을 학습함으로써 학생으로 하여금 옛 지식과 새 지식을 하나로 연계시킬 수 있도록 지도한다. 이는 단지 하나의 한자만을 기억하는 것에 그치는 것이 아니라, 한자와 한자 간의 상호 연관성을 파악하게 하는 방법이다. 다음은 추측을 통해 한자를 설명하는 방법이다.

(1) 한자의 발음 유추

이미 배운 한자를 바탕으로 새로운 한자의 발음을 유추해 낸다. '晴'자를 가르친다고 할 때 먼저 학생에게 이 한자를 어떻게 읽는지 맞춰 보도록 한다. 학생들은 이미 '靑, 淸' 등의 한자를 배웠기 때문에 쉽게 '晴'자의 성모와 운모가 대략 q(성모) + ing(운모)임을 쉽게 유추해 낼 수 있다. 여기서 교사는 학생에게 정확한 성조를 알려주면 된다.

(2) 한자의 형태 유추

이미 배운 한자의 형태로 새로운 한자의 모양을 유추한다. 발음으로 유추하는 방식과 마찬가지로 한자의 규칙을 이용하여 각자 이미 알고 있는 한자를 통해 새로운 한자의 형태를 추측하게 한다. 이는 한자에 대한 이해의 폭을 넓히는 또 다른 방법이다. '上'자를 이미 공부했을 경우 교사는 '上'자를 판서하고 손가락을 위로 가리킨다. 그리고 다음은 손가락을 아래로 가리키며 학생에게 '아래 하(下)'자의 모양이 어떠할지를 맞춰 보도록 한다. 여기서 유의할 점은 한자의 형태를 유추하는 것은 아무 근거 없

이 마구잡이 식으로 한자의 형태를 만들어 내는 것이 아니기 때문에 사전
에 교사의 충분한 설명과 적절한 지도가 필요하다.

(3) 한자의 의미 유추

이미 배운 한자로 새로 배울 한자의 의미를 유추한다. 한자의 의미 유추
하기는 유추법(类推法) 가운데 가장 많이 사용되는 방법이다. 한자는 표
의문자이기 때문에 한자의 형태를 통해 그 뜻을 유추해 낼 수 있다. 한자
교육에 있어 한자 의미 유추는 발음 유추나 형태 유추에 비해 훨씬 많이
적용되는 요소이다. 특히 편방의 '뜻을 나타내는 부분'을 통해 한자 부수
의 구조를 고려하면서 그 뜻을 추측할 수 있다. 예를 들어 '木'자가 나무의
의미라는 것을 알고 있다면, 두 개의 '木'으로 구성된 '林'자의 뜻도 쉽게 추
측할 수 있다. 그리고 '木'자 세 개로 이루어진 '森'자의 의미도 쉽게 추측
할 수 있는 것이다. 이런 유추법은 일반적으로 새로 배울 한자의 뜻을 이
해하는 데 사용되므로 한자를 가르치는 지도 방법으로 보아야 할 것이다.

5) 한자의 속자원을 통한 의미 설명

한자를 구성하는 각 부수가 나타내는 의미나 그 형태의 특징을 통해 한
자의 의미를 설명한다. 한자의 속자원(俗字源)이 한자 자체의 기원을 뜻
하는 것은 아니다. 그러나 대중적인 내용이 이해하기 쉽고, 가르치기에
도 묘한 즐거움이 있다. 또한 학생들이 틀리기 쉬운 부분을 교정하는 데
도 활용할 수 있다. 예를 들어 학생들은 흔히 '宿舍'를 '宿舍'로 잘못 쓴다.
교사가 "기숙사는 많은 사람들이 사는 장소이므로, 갓머리 변(宀)은 방을
뜻하고, 그 안에 백(百) 명의 사람(人)이 살고 있다."라고 설명하면, 학생
들은 '宿'자의 아랫부분이 '白'이 아니라 '百'이라는 것을 쉽게 기억할 수
있다. 그러므로 한자의 속자원을 통해 한자의 뜻을 설명하는 것은 한자
교육에 있어 자주 사용될 수 있는 방법이다. 특히 학생들의 한자에 대한

기억력을 강화시키기 위한 측면에서 볼 때, 이 방법은 상당히 효과적이다. 다음은 몇 가지 예를 들어보기로 한다.

> 安 —— 여자가 집 안에 있으니 자연히 안전하고 평안하다.
> 众 —— 사람들이 서로 밀치고 바짝 붙고 사람 위에 또 사람이 있으니 아주 많은 사람이라는 뜻이다.
> 好 —— 한 부인(여성)과 한 아이(아들)가 있으니 정말 좋다.
> 灭 —— 불 위에 덮개를 올려 놓으니, 당연히 불이 꺼진다.
> 买, 卖 —— 물건이 없으면 바로 가서 산다(买), 물건이 있어야(+) 비로소 팔 수 있다(卖).

한자의 속자원을 통한 설명은 학생이 어느 정도 한자에 대한 지식을 갖추고 있는 상태에서 가능하며, 그래야 학생이 쉽게 이해할 수 있고 만족스러운 학습 효과를 얻을 수 있다. 가능하다면 학생 스스로가 상상력을 발휘하여 이러한 해석법으로 한자의 의미를 터득하도록 이끌어 준다. 교사가 적절히 지도해 준다면 이 방법은 학생의 한자 이해력을 향상시키고 학습에 대한 호기심을 자극하며 말하기 능력까지도 배양시키는 데 효과적일 수 있다. 더불어 활기찬 교실 분위기를 형성시켜 줄 것이다.

3. 한자 연습 지도

한자를 정확하게 읽고 쓰는 것에서부터 적절하게 활용할 수 있도록 다양한 방법으로 연습시킨다. 특히 중국어 입문 단계에서 교사의 적절한 지도와 훈련은 학생들로 하여금 한자의 원리를 파악하고 좋은 글쓰기 습관을 함양하는 데 중요한 의미를 갖는다. 다음은 자주 사용되는 한자 연습 지도이다.

1) 한자 읽기 연습

한자 자체 혹은 한자로 작성된 서면 자료를 읽게 한다. 이는 한자의 형태, 발음, 의미간의 상호 관계에 대해 보다 깊이 있게 이해함으로써 한자를 인지하고 기억하여 읽게 하는 연습이다. 한자 읽기 연습은 독해 연습과 다르다. 독해 연습의 목적은 시각을 통해 정보를 받아들여 문맥의 의미를 이해하는 데 있는 반면, 한자 읽기 연습은 한자의 형태, 발음, 의미의 관계에 대한 이해를 심화시키는 데 있다. 따라서 일반적으로 소리 내어 읽는 방식으로 한자 읽기 실력을 테스트한다.

(1) 카드 읽기

한자가 적힌 카드를 이용하여 한자 읽기 연습을 하게 한다. 카드의 제작 방법은 본 장의 '카드로 한자 보여주기' 부분을 참조할 수 있다. 교실 수업에서 학생들에게 한자가 적힌 카드를 한 장씩 보여주며 해당 한자의 발음을 읽게 한다. 카드는 작고 정교해야 수업 시간에 편리하게 사용할 수 있고 효율적으로 연습할 수 있다.

(2) 종합 읽기

중국어의 단어, 문장 혹은 단문 등에 대해 한자 읽기 연습을 진행한다.

(3) 읽기 자료 제시 방법

교사가 수업 시간에 직접 판서하거나 사전에 자료 내용을 미리 적어 놓은 작은 칠판을 준비해서 걸어 놓는다. 또한 빔프로젝터를 통해 보여 주거나 핸드 아웃을 나눠 줄 수도 있다. 교사가 보유하고 있는 모든 교구들을 활용하여 이미 배운 한자들을 반복해서 보여 준다. 왜냐하면 끊임없이 반복해야 학생들은 한자를 오래 기억할 수 있기 때문이다.

(4) 한자 읽기 연습 방법

자료 내용을 큰 소리로 읽게 한다. 자료 내용을 근거로 제시한 질문을 통해 학생의 대답을 유도하고 역으로 학생으로 하여금 자료 내용에 대해 교사에게 질문하게 한다. 연습이 끝나면 자료 내용을 다시 한번 읽게 한다.

2) 한자 분석 쓰기 연습

한자를 정확하게 쓰기 위하여 한자의 필획, 획순, 부수, 구조 등을 이해하고 습득하는 연습이다. 중국어의 한자와 기타 외국어의 문자는 형식상 다르다. 이로 인해 한자 인지뿐만 아니라 한자에 특수한 규칙이 있다는 사실을 강조하며 가르쳐야 한다. 특히 이미 다른 외국어 문자 계통에 익숙한 학생의 경우 한자 쓰기는 중국어 학습에 있어서 가장 어려운 부분 중에 하나일 수 있다. 한자 분석 쓰기는 한자의 필획, 획순 및 구조 형식에 중점을 둔다. 다시 말해 한 글자라도 정확하게 제대로 쓰도록 교육하는 것이다. 한자 분석 쓰기 연습은 필획 분석 쓰기, 획순 분석 쓰기, 구조 분석 쓰기 등 몇 가지 순서로 진행된다.

(1) 필획 분석 쓰기

한자의 기본 필획과 쓰기 방법을 연습한다. 필획 분석 쓰기의 구체적인 방법은 가르치려는 한자와 그 필획의 구조 분석을 포함한 것이다. 교사는 먼저 칠판에 한자를 쓰고 그 옆에 한자가 포함하고 있는 필획을 적는다. 학생이 제대로 이해할 수 있도록 필획의 명칭을 읽어 준다. 다음은 필획 연습에 대해 소개하겠다.

① 필획 명칭 말하기

한자가 포함하고 있는 필획을 말하게 한다. 교사가 '文, 化'라는 두 글자를 제시하면 학생은 다음과 같이 말할 수 있다.

> " '文'은 4획으로, 점, 가로획, 왼쪽 삐침, 오른쪽 삐침입니다. '化'는 4획으로, 왼쪽 삐침, 세로획, 왼쪽 삐침, 세로 갈고리 입니다."

② 동일 필획의 한자로 쓰기

교사가 어떤 한자의 필획을 판서하고 학생들로 하여금 동일한 필획을 가진 한자를 적어 보게 한다. 예를 들어 점을 가진 한자 다섯 개를 쓰게 한다면 학생들은 '字, 汉, 语, 学, 热' 등의 한자를 쓸 수 있다. 이번엔 세로획을 가진 한자를 적어 보게 한다면 학생들은 '中, 上, 下, 所, 化, 有, 生' 등의 한자를 쓸 것이다.

③ 획수 세기

제시된 한자의 획수를 세어 보게 한다. 이는 한자의 필획과 획수를 이해하고 습득시키는 연습이다. 학생으로 하여금 획수의 양에 따라 '天, 真, 这, 台'를 다시 나열하게 한다면, '天, 台, 这, 真'으로 나열할 것이다.

(2) 획순 분석 쓰기

한자의 쓰기 순서를 정확히 파악하기 하기 위한 연습이다. 획순 분석 쓰기에는 다음의 몇 가지 방법이 있다.

① 쓰기 순서 표시하기

한자의 획 옆에 각각의 순서를 표시하게 하는데, 이는 학생이 한자 획순에 대해 잘 이해하고 있는지의 여부를 파악할 수 있다. 예를 들면 '文化' 이 두 글자의 획순을 다음과 같이 표시할 수 있다.

그림 22 ┃ 한자의 획순 표시

② 필획 쓰기

필획 쓰기 연습은 펜글씨 종이를 사용하는 것이 좋다. 학생으로 하여금 '文化' 이 두 글자를 순서에 맞게 써 보게 한다.

그림 23 ┃ 한자의 필획 쓰기

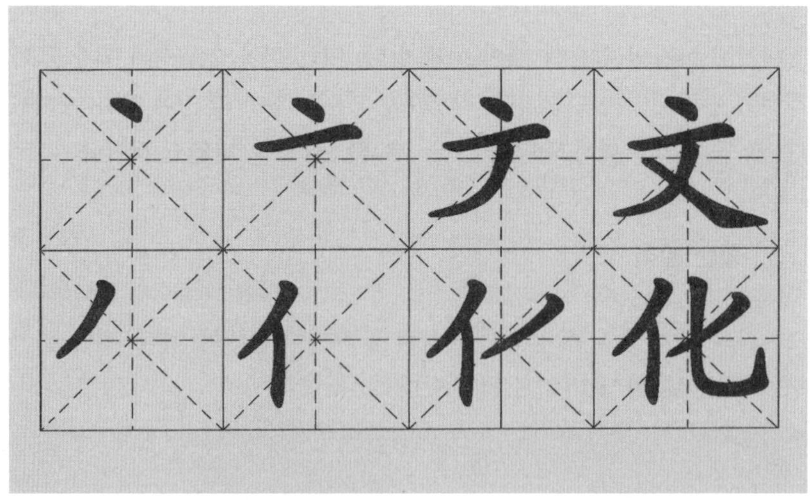

③ 화살표로 운필 방향 표시하기

획순은 필획 순서와 운필 방향도 포함한다. 때문에 획순을 분석하여 쓸 때에는 운필 방향에 관한 연습도 해야 한다. 학생이 한자 '文化'를 쓴다고 할 때 순서에 맞게 다음과 같이 써야 옳다.

그림 24 | 한자 운필 방향 표시

(4) 구조 분석 쓰기

한자의 각 부분 사이의 구조적 관계를 파악하도록 하기 위한 연습이다. 한자의 구조 관계란 한자를 구성하는 각 부분간의 상하 위치, 크기 비율 및 조밀도 등의 관계를 말한다. 하나의 한자가 정확하게 쓰였는지의 여부는 단지 부수의 구성에 의해서만 결정되는 것이 아니다. 물론 부수의 구성 역시 중요하겠지만, 부수는 동일하나 다르게 구성된 경우라면 다른 의미의 한자로 나타날 수 있기 때문이다. 가령, '口'와 '力'은 '另'자로 구성될 수 있지만 이 두 자를 가로로 나란히 놓는다면, '加'자가 될 수도 있는 것이다.

한자는 형태 구조적으로 독체자와 합체자로 나눌 수 있다. 일반적으로 독체자는 구조상 각 필획의 길이, 경사 혹은 교차 등에 주의해야 한다. 또한 틀리기 쉬운 한자 부위나 각 필획 사이의 구조상의 관계를 집중적으로 연습해야 한다. 합체자는 각 부분 간의 크기 혹은 위치상의 관계를 중시해야 한다. 다음은 한자의 구조를 분석하여 쓰기 위한 연습 방법이다.

① 한자 구조도 그리기

한자를 제시한 후에 해당 한자의 구조를 분석하고 그 구조도를 그리게 한다. 이는 한자의 구성 방식이나 조자 원리에 대해 이해시키기 위한 연습이다. 한자를 몇 개로 쪼개어 쓰면서 외우는 것이 훨씬 효과적이다. '语, 天, 是, 树' 등의 한자를 몇 부분으로 나누어 구조도를 그리도록 한다면, 학생은 한자 각 부위의 필획이나 구조상의 관계에 따라 다음과 같이 분석할 것이다.

② 한자 구조에 따른 분류

몇 개의 한자를 제시한 후에 한자의 구조 특징에 따라 동일한 구조를 지닌 한자들을 함께 분류한다. 학생들로 하여금 '字, 是, 汉, 给, 作, 写' 등의 한자를 동일한 구조에 따라 분류하고 각각의 구조도에 대해 상세히 설명하도록 한다.

이런 연습을 통해 학생은 한자의 구조를 추측해 볼 수 있고 그에 대한 이해를 심화시킬 수 있다. 나아가 한자마다 지니고 있는 구조상의 특징과 공통점을 읽어 낼 수 있을 것이다.

③ 구조도에 따라 한자 쓰기

하나의 구조도를 보여준 후에 동일한 구조를 지닌 한자를 쓰게 한다. 학생에게 좌우 구조인 한자를 쓰게 한다면 예전에 배운 한자 가운데 좌우 구조인 다섯 개의 한자를 다음과 같이 선택할 것이다.

| 1 | 2 | → 汉, 给, 体, 洞, 刮 |

학생은 이런 연습을 통해 추상적인 한자 구조 속에서 구체적인 한자를 다시 만들어 낼 수 있다. 학습자의 입장에서 보면, 이 방법은 앞에서 소개한 두 가지 방법(한자 구조도 그리기와 한자 구조에 따른 분류)에 비해 난이도가 훨씬 높은 셈이다.

3) 한자 부수 연습

합체자는 두 개 혹은 두 개 이상의 부분으로 구성된 한자이다. 합체자의 각 부분을 구성하는 것을 부수라 칭한다. 부수로 구성된 한자의 특징을 통해 한자의 구조를 분석하고 귀납한다. 이 방법은 학생으로 하여금 한자를 훨씬 쉽게 이해하고 습득하도록 하는 데 목적이 있다.

(1) 부수 분석

한 개 혹은 여러 개의 한자를 제시하고 각각의 부수를 찾도록 한다. 가령, '学汉语'이 세 글자 가운데 학생은 '⺌, 宀, 子', '氵, 又', '讠, 五, 口' 등의 부수를 찾아낼 수 있다.

(2) 동일 부수 찾기

여러 개의 한자 중에서 동일한 부수를 찾는 연습은 한자를 분석하고 귀납하는 능력을 길러주고 한자를 쉽게 암기할 수 있게 한다. 부수 찾기는 단일 부수 찾기와 동일 부수 찾기로 나눌 수 있다.

① 단일 부수 찾기

여러 개의 한자로부터 서로 같은 부수를 찾아내게 한다. '学, 字, 觉, 堂' 등의 한자 중 단지 '学, 觉' 두 자만이 '⺌'라는 같은 부수를 가졌고, '字, 堂'의 윗부분은 비슷하게 생겼는지는 모르나 서로 다른 것이다. 이런 연습은 학생으로 하여금 한자에 대한 관찰 능력을 길러줄 수 있다.

② 동일 부수 찾기

한자를 같은 부수별로 분류하는 연습이다. 학생에게 '讨, 汉, 请, 对, 时, 晴, 清' 등의 한자를 제시하고 동일한 부수별로 분류할 수 있도록 지도한다.

讠 → 讨, 请

寸 → 讨, 对

氵 → 汉, 清

又 → 汉, 对

青 → 请, 晴, 清

日 → 时, 晴

(3) 부수별로 한자 쓰기

제시된 부수에 따라 학생들은 해당 부수가 포함된 한자를 찾아 쓴다. 이런 연습은 한자의 구성 방식을 터득할 수 있게 하고, 특히 복습할 때 사용하면 매우 효과적이다. 학생들의 한자 수준에 맞게 진행할 수 있는데 다음의 몇 가지 방법을 사용할 수 있다.

① 부수를 첨가하여 새 한자 만들기

부수 '方, 京, 可'을 주고 다른 부수를 첨가하여 '房, 就, 奇' 등의 새로운 한자를 조합해 내게 한다. 이번에는 '方, 可, 氵' 등의 부수를 주고 이미 배운 한자에서 해당 부수가 포함된 한자를 가능한 한 많이 찾아 쓰게 한다.

方 →	放, 芳, 房, 访
可 →	河, 奇, 哥
氵 →	汉, 河, 江, 海, 湖, 沙

② 제시된 발음으로 한자 만들기

하나의 부수에 다른 부수를 첨가하여 제시된 발음을 갖는 한자를 만들어 보게 한다.

元	yuǎn	远
元	yuàn	院
元	wán	玩, 完
京	jǐng	景
京	jiù	就

京　liáng　凉

③ 언어 환경에 맞게 한자 쓰기

하나의 단어를 주고 그 단어 가운데 어떤 한 글자는 주어진 부수에 맞게 쓰도록 한다.

________（⺌）习	→	学习
知________（辶）	→	知道
电________（礻）	→	电视
自________（彳）车	→	自行车

이런 연습은 한자의 형태, 발음, 의미간의 연관성에 대한 이해를 심화시켜 준다. 이때 교사는 연습 시 언어 환경을 일관성 있게 제시하는 것이 좋다.

④ 구조도에 따라 한자 쓰기

주어진 구조도에 따라 한자를 쓰게 한다.

그림 25 ┃ 한자 구조도 1

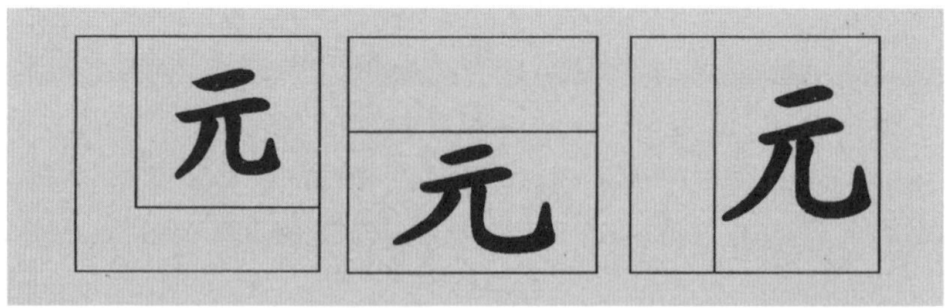

'远, 完, 玩, 园' 등의 한자를 구별해서 쓰게 한다. 이때 구조도를 동일한 부수에 그릴 수도 있고 다른 한자를 쓰는 데 사용할 수도 있다.

그림 26 ┃ 한자 구조도 2

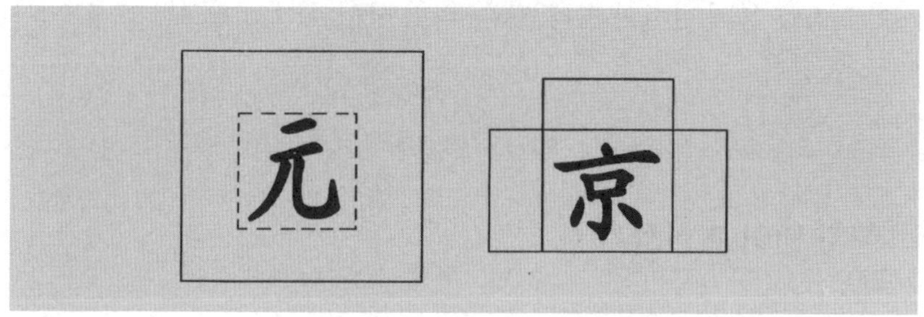

학생은 빈 공간에 상응하는 부수를 채워 넣어야 하고, 주어진 부수인 '京'과는 구별하여 새로운 한자를 만들어 내야 한다.

그림 27 ┃ 한자 구조도 3

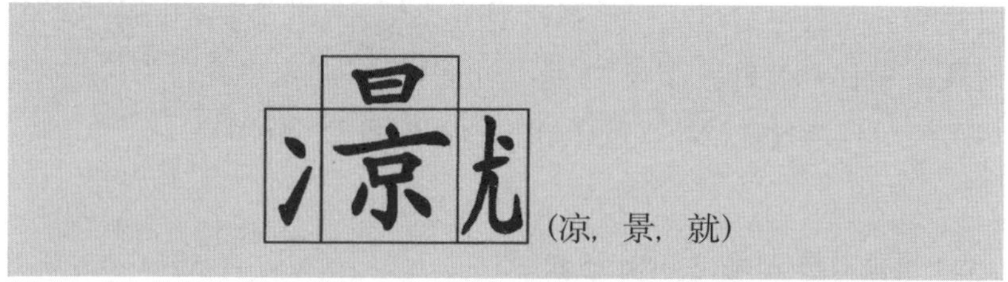

⑤ 동일 부수를 포함한 한자와 병음 표기

이 연습은 동음자의 부수, 동음인 한자, 발음이 같으나 형태가 다른 한자, 형태가 같으나 발음이 다른 한자들을 이해하는 데 목적이 있다. 예를 들어 학생에게 '元, 京'을 가지는 한자에 발음과 성조를 표기하도록 한다면 다음과 같다.

元: ——远 yuǎn　园 yuán　院 yuàn　完 wán　玩 wán
京: ——惊 jīng　景 jǐng　就 jiù　凉 liáng

이 연습을 통해 한자의 형태, 발음, 의미 사이의 상호 관계를 더 깊이 이해할 수 있다.

4) 한자 단어 조합하기

주어진 한자를 이용하여 그 한자가 포함한 어휘를 확장시켜 가는 연습이다. 한자를 학습하는 목적은 단순히 그것을 인지하고 쓸 줄 아는 것에 그치는 것이 아니라, 실질적으로 활용할 수 있는 능력을 키우는 데 있다. 한자 단어 조합은 학생으로 하여금 교실 수업에서 한자를 사용하게 하는 연습이다. 한자 연습 방식 중의 한자 단어 조합은 어휘 학습과는 다르다. 한자 단어 조합은 단어 구성을 통해 한자를 이해하고 응용하며 한자의 의미와 용법을 터득하는 것에 그 목적이 있다. 따라서 한자의 형태, 발음, 의미 사이의 특징을 고려하면서 한자 연습을 계획해야 한다.

(1) 동음자를 사용한 단어 조합

여러 개의 동음이형 한자를 제시하고 새로운 단어를 조합하게 한다. 학생은 이 연습을 통해 한자의 모양과 발음이 반드시 일치하는 것이 아니라는 사실을 알게 된다. 더불어 같은 발음을 지닌 한자의 의미상 차이를 이해할 수 있다. 예를 들어 한자 '报, 抱, 包'를 사용하여 단어를 조합할 경우 학생은 '报纸, 拥抱, 包裹' 등의 단어를 쓸 수 있다.

(2) 혼동하기 쉬운 한자를 사용한 단어 조합

학생들은 모양이 서로 비슷한 한자들로 인해 자주 혼동하여 틀리게 쓰기 쉽다. 이런 한자들을 모아 그 차이점을 알려 주면 그들의 특성을 명확하게 구분하여 오래 기억할 수 있다. 예를 들어 '夫, 天, 不, 大, 字, 学, 词, 同'을 사용하여 새로운 단어를 조합하게 한다. 학생은 이러한 단어 조합을 통해 각 한자가 지니는 의미를 이해할 수 있고 그들 사이의 차이점을 터득하여 한자를 자연스럽게 습득할 수 있는 것이다.

(3) 동일 부수 한자를 사용한 단어 조합

단지 어떤 한 부분의 차이로 인해 전혀 다른 의미의 글자가 되어버리는 한자가 많이 있다. 이러한 한자들을 보여 주고 판별하여 조합하게 한다. 이런 방법은 한자를 습득하는 데 효과적이다. 가령, '情, 清, 请, 猜, 静'을 사용하여 새로운 단어를 조합하게 한다. 이 한자들은 '青'이라는 공통적인 부수를 포함하고 있다. 그러나 발음상 같거나 전혀 다른 것도 있고 의미상 서로 상관이 없는 것도 있다. 이런 연습은 학생들로 하여금 한자의 구조적 특징과 조자 원리를 제대로 파악하고 오래 기억할 수 있게 한다.

(4) 비슷한 한자를 사용한 단어 조합

앞에서 소개한 연습 방법들은 한자의 구조나 모양, 발음의 측면에서 고려한 것들이다. 하지만 이런 연습들은 사실상 한자의 의미에서 비롯된 것이다. 비슷한 한자들을 사용하여 단어를 조합하는 연습은 한자 인지 능력과 한자 쓰기 능력을 길러준다. 또한 중국어 어휘를 더욱 깊이 이해하고 기억하는 데 많은 도움이 된다. 예를 들어 교사가 '跑, 跳, 踢' '穿, 戴, 脱', '红, 白, 高, 快'을 주면 학생들은 '跑步, 跳高, 踢球' '穿鞋, 戴帽, 脱衣服', '红花, 白纸, 高矮, 快车' 등의 단어를 조합할 수 있음으로써 한자를 응용할 수 있을 것이다.

(5) 주어진 한자로 가능한 많은 단어 만들기

　이 연습은 한자의 형태, 발음, 의미라는 몇 가지 측면만을 수평적으로 고려하는 데에만 그치지 않고, 학생의 한자에 대한 전면적인 이해를 수직적으로 평가하기 위한 것이다. 예를 들어 학생에게 '子', '生', '同' 등의 한자를 사용하여 가능한 많은 단어를 조합하게 한다면, 예전에 배운 중국어 어휘 지식에 근거하여 '子女, 儿子, 椅子……', '生活, 生命, 学生……', '同学, 同志……' 등의 단어들을 만들 것이다.

5) 빈칸 채우기 연습

　빈칸 채우기는 하나의 구절이나 일부 지문 가운데 빠진 부분을 한자로 채우는 것을 가리킨다. 빈칸 채우기 연습은 한자 단어 배합처럼 학생의 한자에 대한 응용력을 배양시키는 학습 방법이다. 다른 교수법과 통합하여 사용하면 학생의 한자 쓰기 능력과 어휘 암기 능력을 고루 향상시킬 수 있다.

(1) 주어진 한자로 빈칸 채우기

　주어진 한자 중에서 맞는 답을 골라 빈칸을 채우게 한다. 이러한 연습은 학생이 한자를 판별하고 기억하는 데 도움을 준다. 연습 시 한자 특성에 따라 비슷한 의미의 한자들을 보기로 줄 수 있다. 예를 들면 한자의 형태, 발음, 의미가 서로 비슷한 한자들을 제시하고 연습시킨다.

小明进了电影院，找到了＿＿＿＿位就＿＿＿＿下了。(坐，座)
他＿＿＿＿上大衣，＿＿＿＿好帽子，又＿＿＿＿上了眼镜走出了门。
(穿，戴)

(2) 자유롭게 빈칸 채우기

주어진 한자로 빈칸을 채울 경우 학생은 선택의 여지가 있다. 그러나 보기가 주어지지 않는다면 어떤 한자로 빈칸을 채울지는 전적으로 학생 각자의 중국어 실력에 달려있다. 이것은 앞의 방법에 비해 난이도가 있는 문제이다.

早晨六点半, 小明来到＿＿＿场。他先跑了一会儿＿＿＿, 然后＿＿＿始＿＿＿操。他每天都来锻＿＿＿。

빈칸 채우기는 한자 교육에 있어 효과적인 방법 중 하나이다. 이 연습 방법은 학생의 한자 쓰기 능력과 한자 읽기 능력을 동시에 길러줄 수 있는데 그 이유는 문장을 읽고 그 의미를 이해해야만 빈칸을 채울 수 있기 때문이다. 이는 한자 단어 조합뿐만 아니라 어휘 습득과 관련된 교수 방법이기도 하다.

6) 한자 교정

틀린 한자를 바르게 고치는 것이다. 중국어 학습자가 한자를 습득하고 사용하기란 매우 어려운 일이다. 한자를 공부하는 과정에서 학생이 한자를 틀리게 쓰는 것은 당연한 현상이다. 한자 교정은 학생이 보편적으로 틀리기 쉬운 한자를 스스로 수정하게 하는 지도 방법이다. 이는 학생이 스스로 틀린 한자를 수정하면서 한자를 익히는 데 그 목적이 있다.

한자 교정 연습은 학생 개인의 수준에 맞추어 진행한다. 학생이 잘 틀리지 않는 한자는 연습에서 가능한 배제시킨다. 일반적으로 교실 수업에서 학생들의 과제나 연습 중에 발생하는 틀린 한자를 학생 스스로 고치게 한다. 교사는 수업 중에 학생이 자주 틀리는 한자들을 유심히 관찰하여 수집해야 한다. 이런 단계를 거쳐야만 한자 교정 연습의 목적에 도달할 수 있다. 이 연습에서 유의할 점은 먼저 학생의 개별 특성에 초점을 맞춰야 하며, 보편적으로 틀리기 쉬운 한자를 선택하여 적절히 교정해 주어야 한다는 것이다. 한자 교정 연습은 다음 몇 가지 방식으로 진행할 수 있다.

(1) 단일 한자 수정하기

단일 한자의 필획이나 한자 구조상의 오류를 수정하는 것이다. 틀린 단일 한자는 한자를 판서한 후에 교정해 주면 된다. 교사가 직접 올바르게 수정해 주거나 학생으로 하여금 칠판의 틀린 한자를 수정하게 할 수 있다. 예를 들어 학생에게 다음의 틀린 한자를 수정하게 한다.

> 京 (京)、 木 (不)、 房 (房)

먼저 이 한자들을 판서한 후에 학생을 칠판 앞에 서게 한다. 그리고 틀린 부분에 동그라미 표시를 하고 다시 정확한 한자를 쓰게 한다. 학생이 직접 수정함으로써 더욱 오래 기억할 수 있고, 교사는 학생의 한자 쓰는 과정을 관찰할 수 있다. 수정할 때는 차이를 비교할 수 있게 눈에 띄는 색연필을 사용하는 것이 좋다.

(2) 틀린 부분을 찾아 수정하기

틀린 한자와 맞는 한자를 섞어 놓고 학생으로 하여금 틀린 한자를 찾아 수정하도록 한다. 예를 들어 다음의 구절 가운데 몇 개의 틀린 한자를 찾아 바르게 고치도록 한다.

> 下课以后, 我 (我) 去丁力的 (的) 房 (房) 间
> 找 (找) 他, 可 (可) 是他木 (不) 在 (在)。

교사는 먼저 위의 문장을 판서한 후에 이 문장 중에 틀린 한자들을 골라내도록 한다. 마지막으로 한 학생으로 하여금 칠판의 틀린 한자를 바르게 고치도록 한다.

(3) 오자 수정하기

오자란 잘못 쓰인 한자 단어를 말하는데, 그 한자 자체가 틀린 것은 아니다. 오자는 발음이 같거나 비슷한 경우, 혹은 모양이 유사한 경우에 자주 나타난다. 또한 한자는 틀리지 않았으나 어휘 용법상 틀린 경우이다. 예를 들어 학생에게 '方间, 情楚, 公远' 중에서 오자를 바르게 고치도록 한다. 먼저 이 한자들을 판서한 후에 한 학생으로 하여금 칠판 앞으로 나와 해당 한자의 병음을 적어 보게 한다. 다른 학생들도 한자의 틀린 부분을 찾아낼 수 있을 것이다. 이때 또 다른 학생으로 하여금 오자를 찾아내어 바르게 수정하도록 한다. 그리고 오자의 의미를 말해 보게 하거나 오자를 사용하여 또 다른 단어를 만들어 보게 해도 무방하다. 예를 들어 위에서 언급한 단어 가운데 '方, 情, 远'의 오자를 수정한 후에 이 세 개의 오자를 사용하여 다른 새로운 단어를 조합하게 하는 것이다. 이를 통해 두 글자의 차이점을 분명히 알 수 있기 때문에 한자를 훨씬 오래 기억할 수 있을 것이다.

(4) 종합 수정

다음의 문장 속에는 틀린 한자가 많이 섞여 있다. 이를 판별하여 바르게 고치도록 한다.

外面狠（很）泠（冷），伱（你）别忘了穿大衣，带（戴）手套，不然的语（话），该感（感）昌（冒）了。

먼저 학생에게 어디가 틀렸는지를 찾게 한다. 앞에서 언급했듯이 한 학생으로 하여금 칠판 앞으로 나와 틀린 한자를 바르게 수정하도록 하는 방법 외에도 전체 학생들을 연습에 참여시킬 수 있다. 이를 테면 먼저 2분 정도의 시간을 주고 문장을 보게 한 후 그 중에 틀린 부분을 찾아 바르게 고치도록 한다. 그리고 한 명씩 돌아가면서 틀린 부분을 말해 보게 한다. 그리하여 모든 학생들이 수업에 참여함으로써 수정할 기회를 얻게 되는 것이다. 오자 수정은 학생에게 비교적 어려운 과제가 될 수 있다. 틀린 한자를 스스로 찾아내어 수정해보는 기회가 많이 주어져야 하지만 그렇다고 해서 너무 자주 반복하는 것은 바람직하지 않다. 따라서 교사는 오자 수정 연습의 범위와 학생의 현 수준을 잘 파악하여 너무 어렵지 않게 지도해야 한다.

7) 받아쓰기

어휘나 문장 혹은 단문을 듣고 쓰게 한다. 받아쓰기는 한자 수업 가운데 가장 중요한 연습 방법이다. 이는 대개 한자를 인지하는 초기 단계나 중급 수준에서도 활용된다. 이는 소리를 통해 발음을 들은 후 한자를 연상하게 하는 훈련으로 마지막에는 학생 스스로 정확한 한자를 써낼 수 있게 한다. 받아쓰기에도 다양한 방식이 있다. 단일 한자 듣고 쓰기와 단어나 문장 및 단락 듣고 쓰기가 있다. 초기에는 발음을 이해하고 습득하기 위해 한자 옆에 병음을 적어 놓을 수 있다.

받아쓰기는 이미 배운 한자를 확인할 때나 혹은 전 시간에 제시해 준 예습 내용을 검사할 때 사용하면 좋다. 또한 새로운 학습 방법으로도 사용할 수 있다. 이를테면 ‘我吃饭了’나 ‘一把椅子’는 이미 알고 있는 한자이다. ‘把’자문을 가르친다고 할 경우 아직 ‘把’자문 용법에 대해 학습하기 전에 먼저 ‘我把饭吃了’라는 문장을 받아쓰게 할 수 있다. 이 문장 중의 한자는 이미 배운 것이므로 학생은 쉽게 받아쓰기를 할 수 있다. 그리하여 하나의 새로운 문법 항목이 자연스럽게 도출될 수 있는 것이다.

　교사는 받아쓰기를 연습시킬 때 말의 속도에 유의해야 한다. 말의 속도가 너무 빠르면 학생이 순발력 있게 반응하기가 어려워서 연습에 지장을 줄 수 있다. 또한 말의 속도가 너무 느려도 언어 학습의 의미가 사라지게 된다. 따라서 교사는 말의 속도를 적절히 조절하여 처음에는 느리게 시작하다가 점점 빠르게 진행함으로써 학생들이 받아쓰기 속도에 잘 적응할 수 있도록 지도한다. 일반적으로 입문 단계의 후반부에서 학생들은 1분에 15~17개의 한자를 받아쓸 수 있다. 교사는 학생들의 수준에 맞게 연습 속도를 조절해야 한다. 한자 교육에 있어 받아쓰기는 한자의 형태, 발음, 의미를 기억할 수 있게 하는 효과적인 통합 교수 방법이다. 따라서 교사는 받아쓰기 연습을 자주 진행할 필요가 있다. 쓰기 연습을 많이 해야만 한자를 훨씬 오래 기억할 수 있고 진정한 한자 교육 목표에 도달할 수 있다.

4. 사전 찾기

　사전 사용법을 익히는 것은 중국어 학습에 있어서 중요하다. 중국어 사전이나 옥편은 병음 사전과는 달라서 특히 처음 중국어를 접하는 학생들에게는 상당히 어려운 문제가 될 수 있다. 한자 찾기에는 모양으로 찾기와 발음으로 찾기의 두 가지 방법이 있다. 발음으로 찾는 방식은 크게 어렵지 않으나 모양으로 찾는 방식은 비교적 어려울 것이다. 따라서 한자 모양으로 찾는 방법을 집중적으로 소개할 필요가 있다. 한자 모양으로 찾기에는 주로 부수로 찾기와 획수로 찾기가 있다. 이 두 가지 방법은 서로 일치하지 않는 부분도 있지만, 필획과 획수 및 부수에 대한 명확한 이해가 필요하다. 그리고 언젠가는 한자의 첫 획을 식별하거나 필획을 세어 보고 부수를 분석하는 등의 문제에 직면할 것이다. 따라서 다음의 몇 가지 측면에서 연습할 필요가 있다.

1) 부수 분석

부수를 확인하고 습득하는 데 익숙해지기 위한 지도 방법이다.

(1) 상용 부수 연습

상용 부수를 가능한 한 많이 쓰도록 지도한다. 이를 테면 '木, 水, 言, 手, 口' 등의 부수는 가장 많이 쓰이는 것으로 다른 한자들과 자주 결합되는 부수이기도 하다. 따라서 이 부수들을 확실히 습득하면 사전에서 상당히 많은 한자들을 쉽게 찾아낼 수 있다.

(2) 부수 찾기 연습

한자의 합체자는 두 개 혹은 두 개 이상의 부분으로 구성되는데 합체자를 구성하는 각각의 부수는 일반적으로 한 개의 부수를 지니게 된다. 따라서 학생이 한자를 쪼개어 부수를 찾을 수 있도록 한다.

(3) 난검자표(难检字表) 사용 연습

한자에서 어떤 독체자나 합체자 중에는 부수를 정하기 어려운 것들이 있다. 이러한 한자들은 사전의 난검자표를 이용하거나 총획색인을 이용할 수 있다. 학생들을 소그룹으로 나누어 연습시키는 것이 좋다.

(4) 부수를 정하기 어려운 한자

어떤 한자들은 부수를 정하기가 어려워서 일정한 연습이 필요하다. 특히 학생들에게 몇 가지 규칙을 소개해야 한다.

- 중간에 위치한 부수

中	부수	丨
夫	부수	大
册	부수	一

- 첫 획이 부수인 경우

才	부수	一
习	부수	乛
为	부수	丶

부수 분석에 관한 몇 가지 지도 방법을 앞에서 소개한 바 있다. 여러 개의 한자 단어를 준비하고 수업 중이나 쉬는 시간에 반복 연습을 통해 부수를 분석하는 방법을 터득하게 한다.

2) 필획 계산 연습

한자의 필획을 세어 보게 한다. 필획 세기는 기본적으로 그다지 어렵지 않으므로 교사가 많은 것을 준비할 필요는 없다. 다만 필획을 쪼개어 계산하는 방법에 유의해야 한다.

养	9획
巨	4획
印	5획
远	7획
防	6획

3) 첫 획 식별

한자의 첫 획을 정한다. 한자는 위에서 아래로, 좌에서 우로 쓴다. 따라서 첫 획은 일반적으로 대개 왼쪽 윗부분에 위치한다. 이에 대해 학생들은 잘 알고 있으나, 여전히 몇몇 한자들은 첫 획을 식별하기가 어렵다. 따라서 교사는 이러한 한자들의 첫 획 규칙을 적절히 지도하는 것이 좋다.

学	첫 획 丶
堂	첫 획 丨
远	첫 획 一
起	첫 획 一
同	첫 획 丨
医	첫 획 一

4) 새로운 한자 찾기

사전 사용법을 가르친 후에 교사는 몇 개의 한자를 제시하고 배운 방법대로 사전을 찾아 보게 한다. 사전 찾기는 실습하기에 좋은 교육으로 단순히 이론적으로 가르치는 것만으로는 부족하다. 학생이 직접 사전을 사용할 수 있도록 지도해야 진정한 학습 목적에 도달하는 것이다. 따라서 수업 시간에 자주 사전 찾기 연습을 진행할 필요가 있다. 학생의 전면적인 숙지를 위해 다양한 방법을 사용한다. 교사가 새로운 한자를 제시하면 학생은 부수로 혹은 필획으로 한자와 그 뜻을 찾는다. 그리고 교사가 병음이나 한자의 뜻을 제시하면 학생은 한자의 필획 등을 찾는다.

요약 정리

　유구하고 찬란한 중국 문명의 대표인 한자는 동아시아 한자문화권에서 모국어만큼이나 자주 사용되는 문자다. 하지만 중국어 서면 형식인 한자를 인지하고 기억하여 쓰는 것이 어렵다는 것도 현실이다. 그러므로 교사는 한자의 원리를 사용하여 생동적이고 직관적이며 논리적으로 교육시키는 훌륭한 방법을 끊임없이 개발해야 할 것이다. 이는 학생들에게 한자 학습에 대한 어려움을 감소시켜 주고 더불어 한자 학습에 대한 재미와 흥미를 높여줄 수 있기 때문이다. 한자 교수법에는 한자 제시 방법, 한자 설명 방법, 한자 연습 지도, 사전 찾기 등이 포함된다.

　한자는 병음을 포함한 어휘, 그리고 그 유래와 함께 통합적으로 지도해야 한다. 학생들이 한자에 대한 기본 지식이 쌓이고 어느 정도 한자 습득에 익숙해진 후 교사는 이전에 배운 한자, 부수, 구조 등에 관한 지식을 활용하여 새로 배울 한자의 의미를 추측해 내게 할 수 있다. 끊임없이 새로운 지식 속에서 이전의 것을 복습하고, 이전의 지식 속에서 새로운 것을 창출해 내게 해야 한다. 이런 방법을 통해 학생들은 한자의 구조와 원리에 대해 깊이 있게 이해함으로써 한자를 더욱 오래 기억할 수 있을 것이다. 특히 중국어 입문 단계에서 교사의 적절한 지도와 훈련은 학생들로 하여금 한자의 원리를 파악하고 좋은 글쓰기 습관을 배양하는 데 중요한 의미를 갖는다.

제 7 장

읽기 교수법

<h1 style="text-align:center">제7장 읽기 교수법</h1>

본 장에서는 주로 전문적으로 계획한 읽기 지도 방법에 대해 다루고자
한다. 그리고 여기서 다루는 일부 교수법을 다른 교과목 즉, 정독 과목과
쓰기 과목에서 학생의 읽기 이해 능력을 향상시키는 데 적용할 수도 있
다. 본 장은 구조적 측면에서 다음과 같은 몇 가지 사항을 고려하였다.

첫째, 읽기 과목은 교재 내용을 근거로 진행한다.
둘째, 읽기 능력은 정보 이해력과 읽기의 속도가 요구된다.
셋째, 읽기 전략은 크게 골라 읽기(略读), 자세히 읽기(细读), 통독하기
　　　(通读), 훑어 읽기(查阅) 등으로 나뉜다.

앞서 언급한 네 가지 읽기 전략은 그리 엄격하게 구분하지 않았다. 이
는 많은 수업 방법들이 다른 언어 영역에서 다른 목적으로 사용될 수 있
기 때문이다. 또한 동일한 연습 방법이 다른 언어 기능에서 중복되어 소

개되는 것을 피하기 위해 항목을 중복하여 설정하지 않았다. 이는 곧 독자가 이 교수법들을 융통성 있게 적절히 운용할 수 있어야 함을 의미하기도 한다.

1. 교재 읽기 지도

교재 읽기는 흔히 본문, 새 단어, 문법 설명, 내용 해석, 연습 문제 등을 포함한다. 그러므로 일반적인 읽기 수업의 교과 절차는 읽기 제시, 언어 항목 정리, 교실에서의 읽기, 정보 이해력과 읽기 속도 관찰 등의 과정으로 나뉜다.

1) 읽기 제시

본문 내용을 간략하게 소개한다. 읽기 제시에는 흔히 읽기 자료, 시대적·문화적 배경, 문체, 작가 소개 등이 포함된다. 읽기 제시의 목적은 학생들에게 읽기에 필요한 사전 지식을 전달하여 읽기에 대한 흥미를 불러일으키는 데 있다. 교사는 읽기 제시를 할 때, 학생들이 적극적으로 수업에 참여하도록 격려해 준다. 예를 들어 교사의 질문에 답하는 방식으로 학생들로 하여금 작품의 작가와 시대적·공간적 배경에 대해 소개하게 한다.

2) 언어 항목 정리

언어 항목 정리는 새 단어 학습, 어려운 문법 해석, 그리고 필요에 따른 언어 항목에 대한 연습을 포함한다. 읽기 과목의 언어 항목 정리 방법은 본 서의 제2장 어휘 교수법, 제3장 말하기 교수법을 참조하기 바란다. 여기서 강조하는 바는 좋은 읽기 습관을 형성하기 위해 새 단어와 언어 항목의 어려운 부분을 학생 스스로 정리하는 능력을 배양시켜 주어야 한다는 점이다. 예를 들어 사전이나 어문 관련 참고서 등을 찾는 능력을 말한다.

3) 교실에서의 읽기

교실에서의 읽기 연습은 학생들의 읽기 능력을 배양시키기 위한 중요한 지도 방법이다. 학생들의 읽기 능력은 교실 수업에서의 읽기 수업을 통해 형성된다. 학생들은 자료를 읽으면서 의문이 드는 문제점들을 독립적으로 해결함으로써 차츰 읽기 능력이 향상된다. 읽기 수업에서 교사는 학생들이 능동적으로 참여할 수 있도록 이끌어 주어야 하고 단어 하나하나의 의미에 중요성을 부여하지 않으며, 학생을 대신해서 일일이 해석하지 않는 것이 바람직하다. 다음은 교실에서의 읽기 과정을 소개하고자 하는데, 우리에게 익숙한 魯迅의 소설《孔乙己》를 예로 들어 보겠다.

(1) 기본 질문 제시

기본 문제는 본문 속 등장인물, 주요 사건, 발생 시간 및 장소 등에 관한 것으로 본문 속에서 정답을 쉽게 찾을 수 있는 것이어야 한다. 예를 들면 《孔乙己》의 본문 중에서 다음과 같이 질문을 제시할 수 있다.

1. 故事发生在哪儿?
2. 故事里有几个主要人物?
3. 他们都是做什么的?
4. 孔乙己最后怎么样了?

(2) 제한 시간 내에 읽기

학생들의 수준에 따라 최대한 짧은 시간 내에 빠른 속도로 본문을 읽게 한다. 중급 수준의 학생들에게 페이지 당(600자 내외) 약 2~3분간의 시간을 준다. 본문을 읽고 난 후 앞에서 제시했던 질문에 답하게 한다.

(3) 심도 있는 문제 제시

학생들이 질문에 대답을 하고 난 후 교사는 보다 심도 있는 질문을 몇 개 더 제시한다.

> 1. 孔乙己是什么人?
> 2. 人们对孔乙己的态度怎么样?
> 3. 孔乙己对孩子的态度怎么样?
> 4. 孔乙己是怎么死的?

(4) 문단별 정독

문단별 또는 이야기 발전 단계에 따라 정독하도록 지시한다. 이때 학생들은 새 단어, 문법 또는 다른 언어 항목에 대해 질문할 수 있다. 이에 대한 질문은 교사가 직접 설명해 주거나 혹은 학생과의 토론을 통해 문제를 해결할 수 있다.

(5) 문단 질문

본문 내용을 제대로 이해해야만 대답할 수 있는 질문을 제시한다. 이때 질문은 본문 내용이나 구절이 의미하고 있는 것에 관한 것일 수 있다.

> 1. 到酒店喝酒的人可以分成几类？
> 2. "我"为什么改为"专管温酒的一种无聊的职务"了？
> 3. "孔乙己是站着喝酒而穿长衫的惟一的人"说明什么？
> 4. 从"大约孔乙己的确已经死了"这句话里，你可以想到什么？

(6) 종합 질문 및 연습

본문 전체를 읽게 하고 교사는 본문과 관련된 내용에 대해 다시 종합적으로 질문할 수 있다.

> 1. 孔乙己的一生是怎么度过的？
> 2. 孔乙己的品行怎么样？
> 3. 鲁讯为什么写这样一个人物？
> 4. 你从这篇小说中看到了什么？

마지막으로 시간이 남는다면 훑어 읽기 능력을 배양시켜 주기 위해 구절 찾기 연습을 진행할 수 있다.

> 1. 找出描写酒店气氛的语句。
> 2. 找出能说明孔乙己心情的语句。
> 3. 找出能说明孔乙己经历的语句。

지금까지 소개한 읽기 수업 활동을 학생의 읽기 속도와 이해도를 향상시키는 데 활용할 수 있다. 이 방법을 사용할 때 읽기 자료는 수업 당일에 나눠 주어야 한다. 자료 내용을 미리 읽거나 예습을 해 온다면 읽기 능력을 향상시키는 데 비효과적이다. 속독 능력을 배양시키기 위해 문단별로 정독하기 전에 미리 새 단어를 설명해주지 않는 것이 좋다. 정독을 하고 난 후에 교사는 새 단어의 의미와 용법 등을 설명해준다.

4) 5단계 질문법

'5단계 질문법'을 참조하여 본문 읽기 연습을 진행할 수 있다. '5단계 질문법'은 본문 내용을 대상으로 제시한 질문을 난이도에 따라 다섯 단계로 나뉜다. 읽기 연습 시 첫걸음부터 차례대로 질문한다.

1단계에서 요구되는 것은 옳고 그름에 관한 질문이다. 질문 속에 정답이 있으므로 학생은 '네, 아니요' 혹은 '맞다, 틀리다'로 대답하기만 하면 된다. 2단계는 인용 능력을 요구한다. 정답은 학생이 읽은 본문 내용 속에 있으므로 본문 속의 해당 문장을 찾아내어 그대로 대답하면 된다. 3단계에서는 학생 스스로 정답을 찾아내야 하는 질문이다. 교사가 우선 질문 하나에 3~4개의 보기를 제시한다. 정답은 오직 하나로 본문 내용을 제대로 이해해야만 정답을 맞힐 수 있는 문제이다. 4단계는 추측 능력과 사고력을 요하는 질문이다. 정답은 본문 속에 없다. 읽기 자료에서 글쓴이의 의도를 잘 파악하여 답을 유추해 내야 한다. 5단계는 정보 이해력을 바탕으로 연상이나 추측을 통해 본문 속의 인물, 사건, 글쓴이의 관점에 대해 각자의 생각을 말하는 것이다.

이와 같이 '5단계 질문법'은 다음 단계로 올라갈수록 심도 있는 질문으로 이어진다. 학생의 수준에 따라 단계별 혹은 번갈아 질문할 수 있다.

2. 읽기 이해력을 향상시키는 지도 방법

읽기 지도 방법은 두 가지 측면에서 설명할 수 있는데, 그것은 자료 이해력과 읽기 속도이다. 일반적으로 이 두 가지 요소 모두 중요하게 간주

된다. 그러나 교수법 측면에서 볼 때 읽기 초급 수준에서는 읽기 이해력을 비교적 더 중시해야 한다. 그리고 읽기 수준의 향상과 더불어 읽기의 속도도 중시되어야 한다. 읽기 능력을 배양하는 데 있어 최종 목표는 속독이다. 읽기에서 이해와 속도는 대립적이나 이 모순을 잘 극복한다면 자료를 빨리 읽으면서도 정확히 이해할 수 있게 된다. 다음은 읽기 이해력을 향상시키는 방법을 소개하겠다.

1) 이해 측정하기

(1) 질문에 답하기

본문을 읽고 난 후 교사의 질문에 답하게 한다. 이때 질의문은 학생이 자료를 읽기 전이나 혹은 읽고 난 후에 제시해도 무방하다. 이는 읽기 수업에서 많이 사용되는 지도 방법으로 학생의 읽기 수준을 확인하는 데 목적이 있다. 본 장 제1절 교재 읽기 지도의《孔乙己》의 읽기 지도 과정에서 이 방법이 적용되고 있다.

(2) 선다형 문제

제시된 3~4개의 보기 가운데 정답은 하나 혹은 두 개일 수도 있다. 자료를 읽고 각자 이해한 대로 정답을 고르게 한다. 이런 연습은 어려운 단어나 문장 구조를 습득하는 데 활용된다. 특히 어려운 문장 속의 일부 단어, 다시 말해 표층적 의미와 심층적 의미(특정 언어 환경 내에서의 뜻)를 모두 내포하고 있는 어휘로 구성된 문장을 골라내게 한다. 그리고 그 문장의 의미와 비슷한 3~4개의 문장을 보기로 제시한다. 그 보기 중 하나는 본문 내용과 부합되는 것이다. 예를 들면 다음과 같다.

"不管工厂也好，街道也好，有事找她准没错。"

질문 : 这句话的意思 :
1. 有事去工厂或街道一定能找到他。
2. 工厂和街道有事一定要找她。
3. 无论是工厂还是街道有事找她帮忙，她一定会高兴地答
　　应。

위의 세 가지 보기 가운데 3번만이 정답이다.

(3) ○× 문제

　본문과 관련된 몇 가지 유추 문제를 제시하여 이에 대해 옳고 그름을
판단하게 한다. 우선 본문 내용의 표층적 의미와 심층적 의미를 내포하
는 10~20개의 문장을 만들어 보게 한다. 내용이 서로 모순되거나 혹은
문장의 앞 구절은 본문의 이야기와 일치하나 뒤 구절은 모순되는 문장들
도 있다. 다시 말해 읽기 수준을 확인하기 위해 학생들이 쉽게 판별할 수
없도록 문장들을 한데 섞어 놓는다. 그리고 본문을 읽고 이해한 것을 바
탕으로 문장의 옳고 그름을 판단하게 한다. 예를 들면《第二次考试》라
는 글을 읽고 다음 문장의 옳고 그름을 판단한다고 가정해 보자. 본문은
생략한다.

问题 :
1. 苏林教授是一个有国际声誉的教授。(○)
2. 第二次考试陈伊玲考得很不理想。(○)
3. 苏林教授深深被陈伊玲的品质所感动，决定让她再考一次。
　(×)

위의 세 문장은 《第二次考试》의 내용과 모두 관련이 있다. 그러나 첫 번째 문장을 보면, 본문에서는 苏林 교수가 가르친 학생 중에 세계적으로 명성을 떨친 사람이 많다고 하였지 苏林 교수 본인이 국제적으로 유명하다고 말한 것이 아니다. 그러므로 첫 번째 문장은 틀린 것이다. 두 번째 문장을 보면, 본문은 많은 지면을 할애하여 陈伊玲이 시험을 잘 치르지 못했다고 묘사하였으나 본문은 '理想'이란 단어를 언급한 바가 없다. 여기서 학생의 읽기 이해력이 요구된다. 본문의 문장 속 '很不'의 의미를 파악하여 '很不' 뒤에 나오는 단어를 추측할 수 있다. '理想'은 적극적인 의미를 나타내는 단어일 수 있다. 그러므로 두 번째 문장은 맞는 것이다. 세 번째 문장의 앞 구절의 뜻은 본문 중에 나오는 묘사와 완전히 일치한다. 苏林 교수는 陈伊玲이 재해 복구 활동에 참여하여 목이 아파서 시험을 잘못 본 것을 알고 크게 감동을 받았던 것은 사실이다. 그러나 그녀에게 재시험을 치를 기회를 주기로 결정한 것이 아니라 그 자리에서 그녀를 통과시켜 준 것이다. 그러므로 세 번째 문장 역시 본문 내용과 부합되지 않는다. 이러한 판단형 문제 풀이 연습은 읽기 학습의 연장으로 학생들의 읽기 이해력을 평가할 수 있다. 나아가 학생들로 하여금 읽기에 대한 흥미와 즐거움을 느끼게 할 수 있다.

2) 빈칸 채우기

(1) 주어진 단어로 빈칸 채우기

본문의 한 단락에서 몇몇 단어들을 지우고 빈칸을 만든다. 빈칸마다 3~4개의 보기를 제시한다. 내용을 읽고 각자 이해한 대로 알맞은 단어를 선택하여 빈칸을 채우게 한다.

早晨五点多钟，马路上来往的人还不多。一位五十多岁的老大娘正在扫地。忽然，一个留着长头发，穿得很 ＿＿＿＿ 的小伙子，推着一辆自行车走了 ＿＿＿＿。老大娘正低着头看着地上，不 ＿＿＿＿ 把土扬到小伙子的裤子上。她连忙 ＿＿＿＿ 起头，对小伙子说："对不起，＿＿＿＿ 对不起！"

1. a 漂亮   b 美丽   c 美好   d 优美   （a）
2. a 来   b 过来   c 过去   d 起来   （b）
3. a 看见   b 知道   c 小心   d 细心   （c）
4. a 抬   b 举   c 转   d 提   （a）
5. a 多么   b 真正   c 特别   d 实在   （d）

（选自 《汉语水平考试大纲》）

(2) 접속사를 이용해 빈칸 채우기

한 문단에서 하나 혹은 여러 개의 접속사를 지우고 빈칸을 만든다. 본문 속 구절을 읽고 의미를 이해한 후에 알맞은 접속사를 선택하게 한다. 문단 전체의 의미를 정확히 이해하지 못하면 풀 수 없는 문제이다.

在欧洲和美国，一般人骑自行车主要是体育运动，＿＿＿＿ 是一种爱好。在中国，自行车是交通工具，＿＿＿＿ 是运输工具。中国人骑车的主要目的虽然不在体育运动，＿＿＿＿ 也达到了运动的效果。有不少人为了锻炼身体，＿＿＿＿ 骑车而不坐公共汽车。

答案：只，也，但是，宁可

（选自《中国家常》第180页）

접속사로 빈칸 채우기 문제는 미리 제시된 몇 개의 보기 중에 답을 선택하는 방식으로 진행할 수 있다.

(3) 종합 문제

빈칸 채우기 문제는 종합적 사고가 요구된다. 본문의 한 단락을 일정한 비율로 가령, 10%의 비율, 즉 10개 단어 중 1개를 지운다. 내용을 읽고 자신이 이해한 대로 알맞은 단어로 빈칸을 채우도록 한다.

> 　　我和小张是中学的同学，在_____长的一段时间里，我们同吃同住同学习，_____很深。有一天，我起_____特别早，早晨又没吃早饭，上课时_____很不舒服，小张马上要了一辆出租汽车我送回了家。
>
> 答案：很，感情，得，觉得，把
>
> （选自《汉语水平考试大纲》）

종합 문제와 접속사 채우기의 다른 점은 후자는 문제가 접속사로 한정되어 있는 반면, 전자는 임의로 어떤 단어든, 어떤 한자이든 가능하다. 따라서 종합 문제 풀이는 앞뒤 문맥을 통해 이해한 후에 적절한 단어를 선택하여 빈칸을 채우게 한다. 종합 문제의 난이도는 접속사로 채우기 혹은 다른 유형의 빈칸 채우기보다 훨씬 높다고 할 수 있다.

3) 지도 보고 노선 찾기

읽기 자료를 근거로 여행 노선을 표시한다. 다음의 본문을 읽고 두 사람이 주장하고 있는 서로 다른 여행 노선을 중국지도에 순서대로 표시하게 한다.

布郎太太想先去上海，苏州，杭州，欣赏江南景色，然后坐飞机到南方最大的城市广州，最后游览一下桂林山水。布朗先生是研究中国古代文化的，他希望先去新疆看看，再到古城西安，然后从西安坐火车去成都，重庆，再坐船游览有名的长江三峡。

(选自《实用汉语课本》第三册)

4) 도표 완성하기

다음의 본문을 근거로 도표의 빈칸을 완성하도록 지도한다.

这是近5年来高中毕业生升入大学的升学率：

1984年我国共有高中毕业生1898000人，升入大学426854人，升学率为4.45%。1985年高中毕业生1966000人，升入大学499292人，升学率为3.94%。1986年高中毕业生2240400人，升入大学538844人，升学率为4.16%。1987年高中毕业生2467800人，升入大学596661人，升学率为4.14%。到了1988年高中毕业生2505600人，升入大学694842人，升学率为3.61%。

从以上统计可以看出，考大学的形势是相当严峻的。为了孩子上大学，家长不如要花费多少心血！

(选自《中国家常》第130页)

1984~1988 年高中毕业生升学统计表			
年份	高中毕业生	大学录取	升学率
1984	1898000	426854	4.45%
1985	1966000	499292	3.94%
1986	2240400	538844	4.16%
1987	2467800	596661	4.14%
1988	2505600	694842	3.61%

5) 주요 논점 정리하기

하나의 단락이나 한 편의 글을 읽고 그 내용의 주제를 한 마디로 요약하는 것이다. 일반적으로 하나의 단락이나 한 편의 글 속의 요지는 주요 문구에서 찾을 수 있다. 학생들의 읽기 이해력을 향상시키기 위해 글의 주제를 내포하고 있는 문구를 찾아내도록 지도한다. 글의 요지를 제대로 파악해야 글의 전체 의미를 정확히 이해할 수 있기 때문이다. 예를 들어 보겠다.

父母是孩子的第一任老师，家庭教育对孩子的成长有重要作用。我们只有一个孩子，从小时候起，我们就注意对他进行教育。我们平时很忙，但学习，工作，读书看报，体育锻炼安排得比较好。这对孩子影响很大，孩子上学后，也注意处理学习和玩的关系。

위의 글은 200여 자로 구성되었고 글의 주제는 바로 첫 번째 구절로 나머지 부분은 모두 첫 구절을 설명하기 위한 것이다. 첫 구절의 의미를 이해했다면 이 글의 요지를 제대로 파악한 셈이다. 이러한 반복 연습을 통해 자료 이해력과 읽기 속도를 점차적으로 향상시킬 수 있다.

6) 요약해서 말하기

읽기 자료의 줄거리를 대략적으로 설명하는 것이다. 이는 읽기와 말하기를 통합한 읽기 이해력을 향상시키는 방법이다. 요약해서 말하기 연습을 진행할 때 인칭을 바꿔서 연습해도 좋다. 예를 들면 글의 내용이 작가 자신에 대한 이야기일 경우 제3인칭으로 바꿔 요약해서 말할 수 있다. 또한 작가가 이야기를 서술하는 제3인칭일 경우 서술방식을 제1인칭으로 바꿔 이야기 속의 등장인물이 된 듯이 요약해서 말할 수 있다.

7) 토론하기

읽기 자료를 읽고 관련 문제에 대해 토론을 진행하는 것이다. 엄격히 말하자면 토론은 읽기 수업에서 진행하는 학습활동이 아니다. 그러나 필요하다면 이러한 토론 방식을 통해 학생들의 읽기 수준을 평가해볼 수 있으며 그들의 자료 이해력을 더욱 심화시킬 수 있다. 때로는 동일한 문제에 대해 각자 관점의 차이를 보일 수 있다. 이때 교사는 학생들이 자신의 생각을 과감히 표현할 수 있도록 격려한다. 이를 통해 읽기 이해력을 향상시킬 수 있고 한층 활발한 교실 분위기를 형성할 수 있다.

3. 속독 능력을 향상시키는 지도 방법

속독 연습은 읽기 능력을 향상시키기 위한 중요 구성 요소이다. 빨리 읽기를 무시한 읽기 연습은 단편적인 것으로 완전한 읽기 능력을 배양할 수 없기 때문이다. 앞에서 소개한 일부 교수 방법, 특히 본 장의 제1절에서 소개한 교재 읽기 지도는, 속독 능력을 어떻게 배양시킬 것인가를 잘 보여 주고 있다. 다음은 속독 능력을 향상시키기 위한 몇 가지 지도방 법이다.

1) 독해 양 늘리기

초급 수준의 학습자가 서면 자료를 읽을 때 흔히 병음 하나하나 혹은 한자 하나하나에 치중하여 읽는 것이 대부분이다. 늘 이런 방식으로 연습한다면 속독 능력을 향상시키기 어렵다. 때문에 읽기 속도를 높이기 위해 꾸준히 독해 양을 늘려가야 할 것이다. 다시 말해 글자 하나하나 혹은 단어 하나하나 읽는 것에서 벗어나 하나의 덩어리로 읽도록 지도해야 한다. 이는 수를 세는 것과 같은 원리이다. 100개의 사과를 센다고 가정할 때 사과를 하나하나씩 셀 경우 100번을 세어야 하지만, 5개씩 센다면 20번만 세면 된다는 것이다. 이는 수를 세는 속도를 크게 높여줄 것이다. 단어를 세트 혹은 덩어리로 읽는다면 읽기 속도를 크게 높일 수 있는 것은 물론이다. 다음은 독해 양을 늘리기 위한 지도 방법이다.

(1) 창문 열기(开窗口)

작은 직사각형 모양이 오려져 있는 카드 한 장을 읽기 자료 위에 올려 놓는다. 그리고 카드를 위에서 아래로 빠르게 옮기면서 그 틈 사이로 보이는 단어들을 읽는다. 모두 읽은 후 질문에 답하며 각자 자신의 읽기 능력을 평가한다.

다음의 절구를 읽으세요.

在饭店

在友谊宾馆

在北京语言大学

在一个美丽的公园

在学校北边的大操场

在学校宿舍区的小卖部里

독해시간 : 10초 / 위의 절구를 읽고 정답을 고르세요.

这些词组表示的是＿＿＿＿＿

a. 东西。

b. 地点。

c. 时间。

다음의 문장을 읽으세요.

昨天是星期天。

我打网球了。

我去商店买了一些东西。

下午我睡觉了，睡了两个钟点。

晚上我跟朋友一起吃饭。

吃完晚饭我看录像。

十点钟洗完澡就睡觉了。

독해시간 : 8초 / 위의 문장을 읽고 다음 질문에 대답하세요.

昨天你没做什么？

a. 打网球＿＿＿＿＿＿

b. 洗　澡__________
c. 吃　饭__________
d. 做作业__________

(2) 피라미드 쌓기(叠宝塔)

한 편의 글을 피라미드 형식으로 만드는데, 아래 행으로 내려갈수록 글자의 수를 늘린다. 학생들로 하여금 문장을 한 행씩 끊어서 읽게 하며 꾸준히 독해 양을 늘려 준다. 그리하여 단어 하나하나 마다 끊어서 읽는 습관을 버리고 문장을 자연스럽게 이어서 읽도록 올바르게 지도한다. 예를 들면 다음과 같다.

今年

春节那天

上海的三个最大的

图书馆里，每天都挤满了人

春节

是中国最重要的

传统节日。那几天，人们通常

都在家里休息。聊天，打扑克，或者

走走亲戚

看看朋友，还要

大吃大喝一通，但是

这些年轻人却更渴望知识

他们多数是业余大学的大学生

(3) 의미에 따라 나누기

문장을 의미에 따라 나누고 간격을 크게 두어 각 단어군(coocurrance of lexical items)을 한번에 읽게 한다. 처음 시작 할 때는 비교적 쉬운 내용을 선택하는 것이 좋다.

> 我叫赵宏，　是北京经济学院的学生。　十多年来　我的生活是从家门到校门，　我的任务　好象就是　读书读书。　虽然在大学里　我接触了　周围的很多老师和学生，　但是仍然是在学校里。　对于学校外的社会，　我感到好奇，　感到陌生。　我不知道　我学的东西　将来走入社会　是不是有用，　也不知道　能不能　适应将来的生活。　我很想在学习期间　就锻炼一下　自己的社会活动能力，　因此，　去给一个孩子　当辅导老师。　当时我的心情很不平静，　因为　这是我第一次　走上社会　和别人打交道，　第一次单独一个人　去做事。　我很希望　能够成功……

(4) 선을 그어 나누기

문장을 의미에 따라 사선이나 세로선을 그어 한번에 단어군을 따라 읽도록 지도한다. 이는 앞서 언급한 의미에 따라 나누기와 동일한 방식이다. 그러나 현행 교재 대부분이 이러한 방식으로 인쇄되어 있지 않기 때문에 끊어 읽기 연습을 할 때는 기존의 읽기 자료를 편집하여 사용해야 한다.

> 我辅导的 / 那个孩子 / 叫袁粒，/ 小学五年级学生。/ 他的爸爸 / 是当时 / 中国国家女子排球队的 / 教练袁伟民。/ 当我以

> 一个家庭教师的身份 / 来到他家的时候， / 袁伟民带领的 / 中国
> 女排 / 正忙于奥运会前的 / 准备工作， / 很少回家。 / 袁粒的妈
> 妈 / 工作也很忙， / 每天 / 早出晚归顾不上 / 家里的事。 / 让袁
> 粒过好暑假， / 同时在学习上 / 也有提高， / 我想 / 这就是 / 我
> 这个教师的任务吧。

다음은 독해 양을 늘리는 연습을 진행할 때 유의할 사항이다.

1. 학생 수준에 맞는 읽기 자료를 선택한다. 일반적으로 다소 쉬운 것
   으로 선택하는 것이 좋다. 내용이 쉬워야 읽기 학습에 즐거움과 자신
   감을 얻을 수 있기 때문이다.
2. 읽기 속도를 잘 조정하고 성급하게 학습 효과를 기대하지 않는다. 너
   무 빠르게 읽는 것을 요구할 경우 학생은 읽고 나서도 무슨 의미인지
   이해를 못할 것이고, 너무 천천히 읽게 하면 읽기 연습 본연의 목적을
   달성할 수 없다. 내용에 대한 이해를 기초로 속독을 요구해야 한다.
3. 자료를 집중해서 읽도록 하며, 이미 읽은 부분을 다시 읽지 않도록
   한다. 꾸준히 반복적으로 연습을 해야 독해 양을 늘려갈 수 있다.

2) 단어 의미 추측하기

중문 서적을 읽을 때 모르는 한자나 단어 혹은 어려운 성어 등의 문제
에 직면할 수 있다. 이는 모국어를 읽을 경우에도 마찬가지이다. 그러나
모르는 단어를 지나치지 않고 그 때마다 단어를 찾는다면, 속독 능력을
배양할 수 없다. 사실 모든 한자와 단어의 뜻을 샅샅이 다 알아야만 내용
을 이해할 수 있는 것은 아니다. 만약 한자 하나하나 단어 하나하나를 일
일이 다 찾는다면 읽기 속도뿐만 아니라 이해도에도 영향을 준다. 그것은
단어를 찾다 보면 기억력의 한계 때문에도 전체적인 의미를 파악하지 못

하기 때문이다. 그러므로 일정한 조건하에서 단어와 문장의 의미를 추측할 수 있는 능력을 키워주어야 한다. 이러한 능력이 배양된다면 읽기 자료를 읽을 때 자신이 알고 있는 문법과 어휘 지식을 활용하여 읽기 속도를 높일 수 있다. 다음은 관련 교수 방법들에 대해 소개하겠다.

(1) 문맥에서 의미 추측하기

어느 한 노교수가 생의 마지막 순간에도 여전히 신체 단련을 게을리 하지 않고 책을 집필하며 학생들을 가르치기 위해 강단에 서는 장면을 묘사한 글이 있다. 다음의 글은 '노교수의 병이 위독해진' 이후의 내용이다.

> 先生是多么地不想走啊！是啊，我们对先生往日艰难的"散步"才有了真正的认识，那不是散步，那是为从死神手里夺回一年两年一天两天的时间。先生走了，但先生那"散步"的身影，永远留在我心中。

위의 문장 속의 동사 '走(가다)'는 '死(죽다)'의 의미이다. 이를 학생들이 배우지 않았더라도 이야기의 전개 과정과 글의 분위기, 그리고 문장 속의 '病危(병이 위독하다)' 및 '死神(죽음의 신)', '永远留在我心中(영원히 우리의 마음 속에 남아 있다)' 등의 말을 파악하여 여기서의 '走'는 '死'의 의미로 추측할 수 있도록 지도한다.

(2) 관련어로 의미 추측하기

> 这时候，传来了一阵敲门声，我连忙站起来去开门。

위의 문장 속의 동사 '敲'는 학생들이 배우지 않은 단어이다. 이때 바로 뒤에 따라오는 '门声(노크소리)'와 그 다음의 동사 '开门'을 통해 '敲(두드리다)'의 의미를 추측하도록 한다.

(3) 조어법(构词法)에 따라 추측하기

중국어에서 어떤 단어의 구성 성분은 '子, 儿, 头, 家, 员, 师, 者, 手, 人' 등의 명사를 나타낸다. 또한 이러한 구성 성분에 따라 어떠한 직업에 종사하는 사람인지를 추측할 수 있다. 새로운 단어를 구성하는 한자를 모두 배웠다면, 조어법에 따라 새 단어의 의미를 유추할 수 있다. 이를 테면 '证人(증인)'이 그렇다. '证(증)'은 '证明(증명하다)'의 의미이고, 이로부터 '证人(증인)'은 '做证明的人(증명을 하는 사람)'이라고 추측할 수 있다.

(4) 배운 언어 지식으로 의미 추측하기

'是'자문은 판단을 나타내고, '有'자문은 소유와 존재를 나타내며, '比'자문은 비교를 뜻한다. '把'자문은 처리한다는 의미가 내포되어 있고, '被'자문은 피동을 나타낸다. 그리고 '동사 + 不 + 보어'의 구조는 '不能 + 동사 + 보어'의 뜻을 나타낸다. 읽기 수업 시간에 이런 문형들을 접하게 될 경우 배운 언어 지식을 활용하여 종합적으로 사고하고 이해함으로써 문장의 대략적인 의미를 추측하도록 지도한다.

3) 기타 연습 방법

앞서 소개한 두 가지 읽기 학습활동 이외에 학생들에게 다음의 두 가지 기능을 배양시켜 줌으로써 읽기 속도를 향상시킬 수 있다.

(1) 모르는 단어 건너뛰기(跳越障碍)

관련성이 없는 생소한 단어들을 건너뛰고 읽는 것도 읽기 속도를 높이는 방법이다. 학생들은 수업 시간에 어려운 단어나 문장을 발견하면, 흔히 교사에게 묻거나 사전을 찾고 싶어 한다. 교사는 학생들이 새 단어의 뜻을 찾아 미리 번역해 놓거나 교사에게 질문하지 않도록 제한하는 것이 좋다. 우선 모르는 단어는 건너뛰고 빠른 속도로 읽게 한다. 처음 읽을 때 모르던 단어가 두 번, 세 번 읽을 때는 그 의미를 알 수 있게 되며, 결국 단어의 의미는 여전히 모를 수 있지만 글의 전반적인 의미와 주요 관점을 파악하게 됨으로써 읽기 교육에 효과적이다.

> 　　　天安门不仅是中华民族的象征，而且是世界闻名的古建筑。它的设计者是明代著名的建筑师蒯祥。蒯祥出生于江苏吴县的鱼帆村。1421年，年仅21岁的蒯祥设计并建筑了一座木构牌搂，这就是最早的天安门，原名承天门。1457年 7月，明英宗命令白圭主持重建。白圭请蒯祥出谋划策，建成了现在的样子。明朝末年，承天门又被焚毁。1651年，重新修建，并改名为天安门。

앞의 문단을 읽고 다음 질문에 답하세요.

1. 天安门重建了几次?
　a. 一次　　　　b. 两次　　　　c. 三次　　　　d. 四次

2. 这段话介绍了哪方面的情况?
　a. 天安门是哪个朝代修建的　　　b. 天安门为什么改名
　c. 天安门的设计者是谁　　　　　d. 天安门的地理位置

3. 这段话没有谈到什么?

a. 天安门被毁的原因 　　　　b. 天安门的高度
c. 天安门是用什么材料修建的 　d. 天安门的原名

答案:　1. c　2. a　3. b

（选自《汉语水平考试大纲》）

　　앞의 문단에는 틀림없이 학생들이 배우지 않은 여러 개의 단어들이 있을 것이다. 이를 테면 '木构(목재구조), 牌楼(패방), 出谋划策(계획하다), 焚毁(불타버리다)'등이 그렇다. 여기서 '蒯(괴)'와 '圭(규)' 이 두 성씨는 중국인들도 모르는 것이다. 그러나 학생들의 읽기 이해도 측면에서 볼 때 위의 단어들을 모른다고 해서 내용을 이해하는 데 그다지 문제가 되지 않는다. 다시 말해 이런 생소한 단어들은 바로 건너뛰어도 정답을 찾을 수 있으며 읽기 학습의 목적을 달성할 수 있다.

　　외국어 학습에 있어 모르는 단어를 건너뛰고 읽는 것은 상당히 좋은 습관이다. 따라서 읽기 수업 시간에 이러한 연습을 중시해야 한다. 글의 전반적인 내용을 이해하는 데 큰 영향을 미칠 때만 단어를 찾거나 교사에게 질문할 수 있다. 또한 모르는 단어를 건너뛰고 읽는 연습을 문맥을 통해 의미를 추측하는 연습과 통합하여 진행할 수 있다. 예를 들면 위의 글에서 앞뒤 문맥의 의미를 기초로 '蒯祥(괴상)'은 어떤 사람의 이름임을 유추할 수 있다. ('出生'이라는 단어를 통해 알 수 있음) '白圭(백규)'도 누군가의 이름이다. ('请蒯祥……'로부터 알 수 있음) '焚毁(태워버리다)'는 뜻대로 되지 않는 사건임을 알 수 있다. ('被'자문으로부터 알 수 있음) 이를 통해 전체 단락의 의미를 파악하는 데 큰 도움이 된다.

(2) 키워드 찾기(抓关键词)

글의 내용을 이해하는 데 도움이 되는 키워드를 찾으면서 자료를 읽어

나간다. 이는 학생들의 속독 능력을 키워주고 읽기 이해력을 향상시키는 중요한 교수 방법이다. 한 문장, 한 단락 그리고 한 편의 글에서도 어떤 어휘들은 키워드 역할을 한다. 읽기 자료 속에서 이러한 키워드를 발견할 확률은 높으며 이것이 바로 글의 주요 관점임을 알 수 있다. 그러므로 학생들이 속독할 때 이러한 키워드를 잘 찾아내도록 지도해야 한다. 예를 들면 '鸟儿到哪儿去了(새는 어디로 갔을까)'라는 글에서 반복하여 언급하는 것은 모두 새에 관한 것이다. 그렇다면, 이 '鸟儿'라는 단어를 키워드로 삼아 글의 흐름을 파악하여 글쓴이가 무엇 때문에 이러한 문제를 제시하였는지를 생각해보게 한다. 그리고 '环境污染(환경오염)'이라는 단어를 통해 이 글은 전반적으로 생태계의 균형에 대해 말하고자 함을 추측할 수 있는 것이다.

4. 읽기 전략

글에 따라 읽기 전략을 차별화해야 하는데, 가령 신문 기사, 잡지, 소설, 광고, 교과서, 전화번호부 등을 읽을 때 필요에 따라 읽기 전략을 바꾸는 것이 좋다. 읽기 전략은 자세히 읽기(细读), 훑어 읽기(查阅), 골라 읽기(略读), 통독하기(通读) 등으로 나눌 수 있다. 그 가운데 '통독하기(즉, 책이나 신문 전체를 처음부터 끝까지 다 읽기)'는 수업 시간에 많이 사용하지 않는 방법으로 본 장에서는 따로 언급하지 않기로 한다. 다음은 자세히 읽기, 훑어 읽기, 골라 읽기의 세 가지 기본 전략에 대해 소개하겠다.

1) 자세히 읽기

자세히 읽기(细读)는 읽기 자료의 문장을 눈으로 따라가며 읽고 정확히 이해하는 것이다. 이는 읽기 수업 시간에서 많이 사용하는 방법으로 본 장의 제1절 교재 읽기 지도에서 이러한 방법을 사용하였다. 이해를 위한 읽기, 기억을 위한 읽기, 비판적 읽기와 창조적으로 읽기는 모두 이 방법을 사용할 수 있다. 또한 쓰기 수업에서도 이 방법을 적용하여 학생들에게 창의적으로 작문을 할 수 있는 기회를 마련해 줄 수 있다. 일반적으로 자세히 읽기 수업에서의 읽기 자료는 엄격하게 선정되는데, 자료를 읽은 후에는 내용을 기억하고 필기하거나 정리하고 평가해 주어야 한다. 자세히 읽기 연습에서는 시간과 속도에 대한 요구가 상대적으로 낮으나 어느 정도의 읽기 속도는 요구된다. 그렇지 않을 경우 읽기 학습의 목표에 도달할 수 없다.

자세히 읽기 수업에서 필요한 것은 정독 수업과 다르다. 정독 수업에서는 주로 어휘나 문법과 같은 언어적 요소에 초점이 맞추어지고 학생들의 언어 기능을 전면적으로 높이기 위한 것이 주된 목적이다. 반면, 자세히 읽기 수업의 목적은 학생들의 정보 이해력을 배양시키는 데 있다. 그러므로 학생들 스스로 자체 읽기를 통해 진행되어야 하고 교사는 그저 이끌어 주기만 하면 된다. 여기서 교사는 시범 낭독이나 따라 읽기, 어휘 연습도 하지 않는 것이 좋다. 자세히 읽기에서는 소리를 내지 않고 읽는 묵독이 여전히 주된 방식이다. 앞에서 소개한 일부 읽기 방법 또한 자세히 읽기 연습에 적용할 수 있다. 다음은 자세히 읽기 수업을 진행할 때 학생들의 이해도를 향상시키기 위한 몇 가지 방법을 소개하겠다.

(1) 주요 논점에 밑줄 긋기

중요하다고 생각되는 단어나 문장에 밑줄을 긋는다. 자료를 읽고 난 후에 기록할 수 있기 위해 읽으면서 생각하고 밑줄을 긋도록 한다.

(2) 주석 달기

자료를 읽으면서 주석을 단다. 주석은 단락마다의 요지를 요약한 것이거나 그에 대한 학생 개인의 생각일 수도 있다. 자료를 읽고 자신의 생각을 정리하여 구두로 발표하거나 글로 완성시킨다.

(3) 필기하기

자료를 읽고 중요하거나 필요하다고 생각되는 내용을 요약하여 기록한다. 필기에는 카드 쓰기, 요약하기 등이 포함된다. 필기 내용으로는 글의 요지 및 주제, 글쓴이의 관점, 글에 대한 자신의 생각, 독후감 등을 꼽을 수 있다. 필기는 중국어로 사고하고 작문하는 능력을 배양시켜 준다. 또한 향상된 읽기 이해력을 쓰기 능력과 유기적으로 통합시켜 문장력을 공고히 다져준다. 자료를 빠른 속도로 읽고 필기해야 하므로 간단한 문장으로 기록하게 한다.

2) 훑어 읽기

자료를 읽으면서 자신이 필요한 정보를 찾는다. 요지 파악을 위해 빨리 읽어야 한다. 훑어 읽기 연습에 적합한 자료는 다음과 같다.

- 지도의 주요 도시와 지명
- 학교 혹은 어느 회사 주변의 평면도
- 기차와 비행기 운행표
- 주요 호텔, 여관, 공원 등의 위치
- 식당 메뉴
- 버스 정거장의 역명
- 상품 광고
- 방송, TV 프로그램 편성표
- 신문의 일기 예보

- 상품 가격 리스트
- 역사 연표
- 직원 모집 광고
- 초청장, 청첩장
- 각국의 면적, 인구, 수도 일람표

읽기 수준이 향상됨에 따라 점차적으로 자료의 난이도를 높일 수 있다. 훑어 읽기 연습의 일반적인 단계는 다음의 예문과 같다.

● 버스 정거장 역명

읽기 자료 보기 :

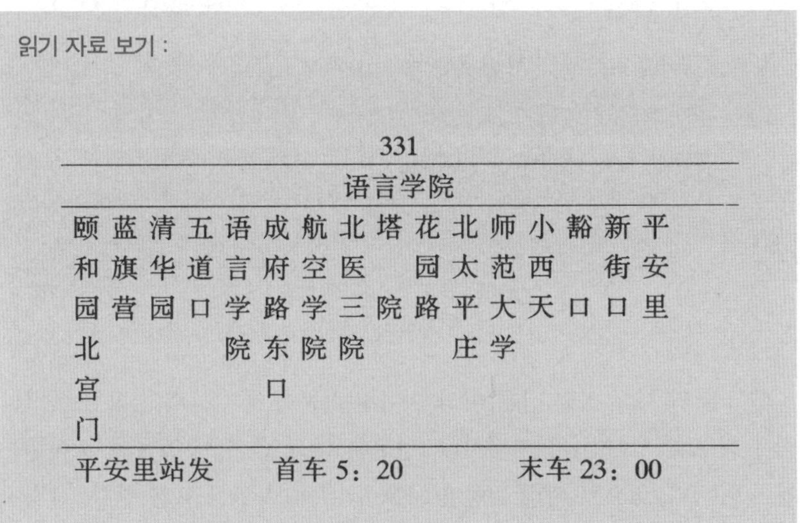

훑어 읽고 다음 문제에 대답하세요.

1. 这是哪一路公共汽车的站牌?
2. 这是什么站的站牌?
3. 经过这里的公共汽车是去哪儿的?

4. 每天这路车的第一辆车几点发车? 最后一辆汽车几点发车?

훑어 읽기 제한 시간 : 1분

● TV 프로그램 편성표 훑어 읽기

《中国电视扳》을 한 장씩 나눠준다. 읽기 자료 항목을 제시하고 질문에 대답하게 한다.

1. 北京可以收到几套电视节目?
2. 每套节目的频道?
3. 中央台第一套节目每天播送多长时间?
4. 本星期六晚上有什么节目?
5. 如果你想看足球比赛，星期几，几点可以看?

훑어 읽기 제한 시간 : 1분

훑어 읽기 시 유의할 점은 미리 주어진 질문을 생각하며 명확한 목적의식을 갖고 읽어야 한다는 것이다. 자료를 읽고 난 후에 질문을 보여주는 것이 아니라, 역으로 미리 질문을 보고 난 후에 자료를 보게 한다. 그렇지 않을 경우 훑어 읽기 목적에 부합하지 않으며, 이는 결국 반복적인 읽기로 이어지고 훑어 읽기의 속도를 떨어뜨릴 것이다.

3) 골라 읽기

지엽적인 부분이나 중요하지 않은 단락, 그리고 학생이 스스로 필요하지 않다고 생각되는 부분은 건너뛰고 빨리 읽음으로써 자료의 내용을 대략적으로 파악할 수 있다. 훑어 읽기의 목적은 자료의 대략적인 줄거리를 이해하는 데 있는 것으로 가령, 글의 요지, 논거 혹은 소설의 이야기 줄거리 등이 그것이다. 따라서 훑어 읽기의 목적의식이 골라 읽기보다 더욱 명확하다는 것이다. 훑어 읽기는 지명을 찾고자 할 경우 지도를, 항공권을 구매하고자 할 경우 항공 운행표를 찾아보아야 한다. 어떤 자료를 찾고자 한다면 그 관련 문헌과 전문 서적을 찾아야 한다. 반면, 골라 읽기는 특정한 정보를 얻어내기 위하여 읽는 것으로 자료를 읽으면서 자신이 필요한 정보나 지식을 확보한다. 훑어 읽기보다 난이도가 높은 골라 읽기는 학생들의 속독 능력을 향상시키기 위한 중요한 읽기 학습 방법이다.

골라 읽기 능력은 비교적 긴 시간이 지난 후에 배양된다. 처음에는 어휘량 부족으로 제한 시간 내에 어떠한 의미도 파악할 수 없어서 불안과 공포심이 생길 수 있다. 교사는 이런 학생들을 잘 이끌어 주어 다시 한번 읽게 하되 읽기 속도를 늦춰서는 안된다. 반복적으로 연습하면 학생들은 빠른 속도에 적응하여 차츰 골라 읽기 능력이 향상될 것이다. 골라 읽기는 자료를 빠른 속도로 읽고 정리하여 요약하는 능력을 배양시켜 준다. 교사는 처음부터 학생들이 단어나 문장을 따라가며 읽는 습관을 버리고 행이나 단락을 건너뛰며 빠르게 읽도록 연습시킨다.

앞에서 소개한 키워드 중심으로 읽기, 그리고 모르는 단어는 건너뛰기 등의 방식을 골라 읽기에 적용해 볼 수 있다. 다음은 골라 읽기 연습의 예문이다. 학생들에게 잡지 한 권을 나눠준다. 예를 들면《中国青年》,《中国妇女》,《家庭》,《读者文摘》등의 신문을 통해 학생들이 골라 읽기를 연습할 수 있게 한다. 우선 잡지 표지를 보게 하고 그 다음은 목차를 읽게 한다. 잡지를 읽고 다음의 질문에 답하게 한다.

1. 这是一本关于哪方面的杂志?
2. 举例说明里面讨论了什么问题?
3. 你对哪篇文章感兴趣?

각자 좋아하는 글 한 편을 읽고 글쓴이가 누구인지, 글의 시작과 결말 부분이 어떠한지, 그리고 매 단락의 첫 구절과 마지막 구절을 읽게 한다. 그리고 다음 질문에 대답하게 한다.

1. 这篇文章的作者是谁?
2. 这篇文章讨论的是什么问题?
3. 作者有什么看法?

요약 정리

읽기 지도의 목표는 궁극적으로 독립적인 독서가를 키우는 것이다. 그러므로 교사는 수업 시간에 읽을거리를 많이 구비해 두어 이에 필요한 읽기 능력을 배양시켜 주어야 한다. 모든 내용을 다 알아야 한다는 생각에서 단어 하나하나, 한자 하나하나의 의미를 해석해 주는 것 보다 내용의 전반적인 이해에 초점을 맞추도록 지도해야 한다. 다시 말해 읽기를 어휘 용법이나 문법구조를 학습하기 위한 수단으로 간주하지 말고 자료에서 얻은 정보를 이용하여 의사소통을 하는 데 활용할 수 있도록 해야 한다.

읽기는 자료 이해력과 읽기 속도를 중시한다. 학습 초기 단계에서 정확성을 기하기 위하여 어휘 하나하나에 집중하다보면 기억력의 한계 때문에도 글의 전체적인 의미를 파악하지 못한다. 따라서 초기 단계를 지난 학생들에게는 지속적인 속독 훈련이 필요하다. 읽기 능력을 배양하는 데 있어 최종 목표는 속독(速度)이다. 다시 말해 읽기에서는 자료를 빨리 읽으면서도 내용을 정확히 이해할 수 있어야 한다.

학생들에게 학습의 초기 단계부터 가능한 한 사전을 찾지 않고 계속해서 읽어 나가면서 모르는 부분에 대해서는 문맥에서 의미를 추측하게 하는 읽기 전략이 필요하다. 대체로 읽기에는 자세히 읽기, 훑어 읽기, 골라 읽기의 세 가지 기본 전략이 있다. 읽기 역시 다른 언어 기능과 통합적으로 활용하면 언어 교육에 효과적이다.

제 **8** 장

쓰기 교수법

제8장 쓰기 교수법

본 장에서는 중국어 교육에 있어 작문 지도 요령과 다른 수업에도 적용할 수 있는 쓰기 교수법에 대해 소개하고자 한다. 중국어 작문 수업에서의 '쓰기'는 우리가 흔히 말하는 '듣고 말하고 읽고 쓰기'의 그 쓰기와는 엄연히 다르다. 여기서는 어느 정도 중국어 기본 실력을 갖춘 학생이 논리적 사고를 바탕으로 중국어 한자, 문법구조, 표현 방식, 문장 형식에 부합되는 글을 쓴다는 것을 의미한다. 여기서 말하는 '어느 정도 중국어 기본 실력을 갖춘'이란 의미는 중국어 기초 문법을 배운 적이 있고 1,000개 이상의 중국어 어휘를 습득한 자를 일컫는 말이다. 물론 이번 장에서 소개되는 수업 방법과 요령은 기초 실력이 낮은 학생에게 적용해도 무방하다. 다만 여기서 말하는 작문 수업에서의 쓰기 연습은 중국어 서면어의 기본 형식, 상용 문체의 유형, 각종 문체의 기본 구조 등이 포함되어야 한다.

중국어 쓰기 수업은 다음의 원칙을 따라야 한다.

첫째, 특히 중국어 서면어적인 표현을 중시해야 한다. 한자, 어휘, 문법을 주요 내용으로 연습해야 할 뿐만 아니라 서면어의 문장구조, 연결 방식, 표현 형식, 문장 부호 사용 등을 파악할 수 있도록 지도한다.

둘째, 읽기와 쓰기가 통합적으로 진행되어야 한다. 매번 글을 쓰기 전에 학생들에게 한 두 편의 모범 글을 제시하고 학생들과 함께 분석한 후 모범 글 속의 표현 방식대로 글을 쓰도록 지도한다.

셋째, 작문 내용은 구체적이어야 한다. 학생들이 글을 쓰기 전에 무엇을 써야 하는지, 또 어떻게 써야 하는지, 글을 쓸 때 주의해야 할 사항들은 무엇이 있는지를 명확히 제시해 주어야 한다. 단순히 '나의 선생님', '재미있었던 일' 등 제목만 던져 주고 글을 쓰게 한다면 비효과적이다.

넷째, 글에 진실성이 담겨 있어야 한다. 학생들이 어느 정도 중국어 실력을 갖춘 후에는 비교적 폭넓은 주제를 제시해도 되지만 글의 내용이 학생들의 내면 정서에서 우러나와야 한다.

물론 이러한 단계들을 명확히 구분 지을 필요는 없다. 앞의 두 단계는 기초 연습 단계에서 사용할 수 있고 중국어 실력이 뛰어난 학생을 지도할 경우는 앞의 두 단계를 생략해도 좋다. 하지만 중국어 쓰기 수업을 받아 본 적이 없는 학생일 경우 세 번째 단계는 반드시 거쳐야 한다. 마지막으로 문제 출제, 작문 교정, 수업 지도 방법 등을 소개하겠다.

1. 기초 쓰기 연습

복습을 통해 기초 지식을 공고히 하고 중국어 서면어를 접해봄으로써 앞으로 진행할 쓰기 연습을 좀 더 잘하기 위한 준비 단계라고 할 수 있다. 예를 들어 수업 시간마다 십분 씩 할애하여 그날 배울 쓰기 연습과 관련된 기초 지식 연습을 진행할 수 있다.

1) 받아쓰기

정독 수업 시간에는 주로 어휘와 문장을 받아쓰지만 쓰기 수업에서의 받아쓰기는 짧은 문단으로 학생들이 서면어의 특징들을 파악하고 이해하는 데 목적이 있다. 그리하여 교사는 중국어 서면어의 표현 방식, 연결 방법, 문장부호 사용법 등을 중점적으로 가르쳐야 한다. 예를 들어 어디에서 띄어 쓰고 몇 칸을 띄어 써야 하는지, 어디서 행을 바꾸고 문장을 쉴 때는 어떤 문장부호를 사용해야 하는지 등과 글을 쓸 때 유의해야 할 사항 등을 지도해야 한다. 받아쓰기의 내용은 교사가 직접 편집한 글이나 학생이 흥미를 느낄만한 문단을 발췌해서 사용해도 좋다.

2) 그림 보고 쓰기

지도, 엽서, 부호 등의 그림 사진을 보고 글을 쓰게 한다. 시작 단계에서 교사는 학생들에게 그림과 관련된 문장, 즉 그림의 내용과 자신의 생각이 결부된 한 단락의 글을 쓰도록 지도한다. 또한 학생들 스스로 간단히 묘사하고 설명하는 요령을 터득하여 중국어의 정확한 문법과 논리적 사고를 통해 간단한 글을 완성할 수 있도록 지도한다. 교사는 학생들의 문장을 교정할 때 이 점에 유의해야 한다. 교사는 명확한 목적의식을 가지고 학생들이 무엇을 써야 하는지에 대해 질문을 던지면서 깨우쳐 줄 수 있다. 더불어 학생들 각자 상상력과 창의력을 충분히 발휘하여 독자적으로 자신의 쓰기 능력을 향상시킬 수 있도록 도와주어야 한다. 예를 들어 다음의 그림을 보고 한 편의 글을 작성하게 한다.

그림 28 | 그림을 활용한 쓰기 연습 1

그림 29 | 그림을 활용한 쓰기 연습 2

그림 30 ┃ 그림을 활용한 쓰기 연습 3

그림 31 ┃ 그림을 활용한 쓰기 연습 4

그림을 제시한 후 몇 가지 질문을 던진다. 질문 내용을 판서하거나 구두로 말해도 좋다. 학생들로 하여금 질문에 답하고 토론을 하게 한 후에 한 편의 글을 쓰도록 지도한다.

> 1. 她为什么锻炼身体?
> 2. 她抱着孩子站在什么地方?
> 3. 她抱着孩子去哪儿?
> 4. 她的衣袋里装着什么?

질문에 답하고 토론하는 과정에서 교사는 학생들이 사용한 단어들(가령, 职业妇女, 抱孩子, 站得稳, 月票, 衣袋)을 판서하여 작문할 때 참고하도록 한다. 이때 어휘와 문법의 정확성뿐만 아니라 교사의 질문을 정확히 이해한 후에 글을 작문하게 한다. 학생들은 그림을 보고 다음과 같은 유사한 단락을 작문할 것이다.

> 　　她是一位职业妇女，每天抱着孩子坐公共汽车上、下班。上班以前，她先把孩子送到托儿所；下班后，她再把孩子接回家。上、下班时间，公共汽车上非常拥挤，抱孩子的人也找不到座位。为了能在车上站得稳，她经常锻炼身体。她把月票放在衣袋里，下车时给售票员看看就行了，比天天买票方便多了。

그림책 역시 쓰기 연습을 위한 좋은 교구가 된다. 이는 그림을 통해 이야기의 상황을 한 눈에 파악할 수 있기 때문이다. 하지만 초급 단계의 학생들은 줄거리를 제대로 쓰기 어렵기 때문에 필요한 새 단어나 접속사, 적절한 문답 연습을 통해 내용을 정확히 이해한 후에 쓰기 연습을 진행해야 한다.

3) 듣고 요약하기

교사가 들려주는 이야기를 듣고 내용을 대체적으로 파악한 후에 거기서 벗어나지 않는 범위 내에서 자신의 생각대로 요약하게 한다. 이는 초급 쓰기 수업에서 사용하는 연습 방법 중의 하나이다. 이러한 방법은 학생들이 중국어 사유 방식에 익숙해지고 중국식 표현법을 익히는 데 도움을 주며 논리적인 사고를 통해 자신의 생각을 서면어로 표현할 수 있는 능력을 길러준다.

그 일반적인 순서는 우선 학생들의 수준에 맞게 녹음 자료를 여러 번 들려주거나 교사가 직접 읽어준다. 그리고 들으면서 요약하도록 지도한다. 들려줄 때마다 요구 사항을 정확히 알려주어야 한다. 예를 들어 첫 번째 들을 때는 주요 인물과 줄거리를 파악하게 하고 두 번째 들을 때는 사건 순서와 내용을 정확히 파악하게 하며, 세 번째 들을 때는 보다 심도 있게 원문 속에서 근사한 어구들을 찾아 기록하게 한다. 글을 읽기 전이나 혹은 글을 읽어가면서 내용을 좀 더 쉽게 이해하고 기억할 수 있도록 관련 어휘를 판서한다. 그리고 학생들로부터 이해가 안되는 부분에 대해 질문을 받고 최종적으로 글을 작문하도록 지도한다. 짧은 이야기, 서술문, 짧은 평론, 편지, 우화 등 받아쓰기를 위한 교재는 아주 광범위하다. 학생이 쉽게 기억할 수 있도록 내용은 짧고 간단하고도 중국어 사유 방식에 부합되며 학생의 수준에 맞는 어휘들이 포함되어야 한다. 학생들에게 기본적으로 요구되는 사항은 가능한 한 원문과 비슷하게 써보도록 하는 것이다. 교사는 작문을 교정할 때 내용의 순서가 정확한지, 어휘나 문법을 정확히 사용했는지 등을 확인해야 한다.

4) 번역하기

한국어로 쓰인 문장을 중국어로 번역한다. 이 방법은 한국어와 중국어의 서면상 표현 방식이 어떻게 다른지, 그리고 중국어 서면어의 작문 규칙을 좀 더 깊이 있게 이해시킴으로써 중국어 표현 능력을 향상시키는 데 목적이 있다. 한국어를 중국어로 번역하기는 쓰기 연습의 모든 단계에서 활용이 가능하다.

2. 기초 실용문 쓰기 연습

여기서 말하는 기초 실용문은 학생들이 공부하면서 또는 생활 속에서 자주 접하게 되는 편지, 초대장 등 각종 양식을 일컫는다. 어느 정도 중국어 어휘와 표현 방식을 습득한 학생이 실제 생활에 근거하여 실용문을 통해 쓰기 연습을 진행하면 좋다. 이 방법은 실용적이기 때문에 학생들로 하여금 쓰기 학습에 흥미를 느끼게 할 수 있고 서면으로 자신의 의사를 적절하게 표현할 수 있는 능력을 배양시킬 수 있다.

1) 실용문 쓰기 지도 순서

기초 실용문의 지도 절차는 일반적으로 다음과 같다.

- 모범 문장 제시
- 학생과 함께 모범 문장 분석(구조, 형식, 특정 용어 등)
- 학생이 내용을 정확히 파악했다면 교사는 다른 상황, 조건, 어휘를 제시하고 학생들로 하여금 작문을 하게 한다.
- 각자 작문한 글을 반 전체 학생들이 함께 분석 교정하고 평가함으로써 보다 심도 있게 진행할 수 있다.

2) 상용 실용문 형식

초급 단계에서는 다음의 자주 사용되는 실용문을 지도할 수 있다.

- 은행수표, 학생 신청서, 우편물 명세서 등과 같은 각종 양식 기입은 중국어 상용 서식 구조, 항목 내용, 기입 시 주의 사항 등을 이해하는 데 도움이 된다.
- 편지와 봉투 작성
- 휴가 신청서, 메시지, 차용증과 수취증, 소개서, 쪽지, 위탁서, 추천서 등의 작성은 학생들로 하여금 각각의 양식에 사용되는 특정 용어 등을 습득하여 사용할 수 있게 한다.
- 축하문, 감사문, 소견서, 위문편지, 초청장, 신청서, 이력서 등의 작성 법은 각각 다르기 때문에 작성 시 유의 사항들을 알려 주어야 하고 또한 수취인의 사회적 신분이 다르기 때문에 어떤 어휘와 말투, 그리고 격식을 차려야 하는지도 가르쳐 주어야 한다. 이점을 중시하지 않을 경우 사회 활동에 부정적인 영향을 미칠 수 있다.

다음은 그 구체적인 실용문의 사례를 통해 쓰기 지도 방법을 소개하겠다.

- 교수 신청서(教授申请信)

1. 개요

당신이 학교에서 공부하고 싶거나 회사에서 일을 하고자 할 때 당신의 현재 상황과 요구 사항 등을 서면으로 작성하여 관련 부서에 보내어 회신해 줄 것을 요청할 때 쓰는 신청서이다.

2. 모범 문장의 제시와 분석

① 北京语言大学招聘办公室负责同志:

②　　我从报上得知，贵校急需一名西班牙语教师，我认为我可以胜任这个工作。

③　　我2005年毕业于北京大学西班牙语言文学系。毕业后在一所大学从事西班牙语教学工作。

④　　本人身体健康，喜欢语言教学，易于跟学生交往，自信能成为一名合格的外语教师。

⑤　　按贵校要求，寄上我的履历表一份。

⑥　　此致

敬礼!

⑦　李晓明

⑧　2011年 8月 8日

앞의 신청서 각 부분에 제목을 적어보세요.

① ____________	② ____________
③ ____________	④ ____________
⑤ ____________	⑥ ____________
⑦ ____________	⑧ ____________

3. 연습

다음은 순서가 틀린 신청서입니다. 정확한 순서와 형식에 맞게 다시 고쳐 써보세요.

○　浙江美术学院教务处负责人先生:

○　2002年毕业

○　我是中央民族大学美术系学生

○　我想报考贵校的研究生
○　希望得到贵院的招生简章和有关情况介绍
○　随信附上我的履历表
○　丁力
○　2011年8月8日
○　敬祝早日回复

4. 작문

앞의 모범 신청서를 참고하여 다음의 상황에 근거하여 형식에 맞게 신청서를 작성하세요.

你打算从2014年9月起到北京大学经济系学习。请给北京大学招生办公室写一封信。

3. 문단 쓰기 연습

중국어 쓰기 연습에 있어서 필히 거쳐야 하는 학습 단계이다. 이 단계는 학생들로 하여금 중국어 각종 단락의 유형, 기본 구조 형식, 상용 어휘, 연결 방식, 그리고 간단한 수식 방법 등을 학습하고 이해시키는 데 목적이 있다. 물론 기초 쓰기 연습에서의 교수 방법을 문단 쓰기 연습에 적용해도 무방하나 앞으로 소개할 교수 방법이 좀 더 문단 쓰기 연습에 적합할 것이다.

1) 문단 정리하기

순서가 맞지 않은 문장들을 학생에게 제시하고 이를 다시 올바르게 고

쳐 써 보게 한다. 이 연습은 중국어 사고에 맞게 단락과 글을 재구성하는
능력을 기르는 데 목적이 있다. 학생들은 번호로 나열할 수도 있고 다시
글로 적어 볼 수도 있으나 보통은 전자의 방법을 이용할 수 있다.

> (1) 在长达70年的文学生涯中，她创作和翻译了一大批诗歌，小
>   说，散文和儿童文学作品，为中国现代文学的发展做出了不
>   可磨灭的贡献。
> (2) 上个月，在北京举办了 "冰心文学创作生涯70年展览。"
> (3) 如今，作为中国文坛　老寿星，她已发表了100余篇小说，散
>   文和评论文章。
> (4) 冰心，是我国著名作家，也是五四新文化运动的元老之一。
>
> 정답 : (4), (1), (3), (2)

2) 문단 구분하기

문단 구분이 안되어 있는 글을 제시하고 논리적으로 내용에 맞게 문단
을 구분 짓게 한다. 한 편의 글을 학생에게 제시하기 전에 교사는 글의 문
단 나열 순서와 매 문단의 역할을 대략적으로 설명한다. 논설문과 서술
문의 문단을 구분하는 방법이 다르기 때문에 각종 문체에 맞게 문단 구분
연습을 진행해야 한다. 또한 글의 종류에 맞는 모범 문장들을 학생들에게
미리 제시해 주되 내용이 명확한 것으로 선정하는 것이 바람직하다.

3) 문단의 주제문 쓰기

문단의 주제문이 와야 할 자리를 공백으로 남기고 학생으로 하여금 문

단의 내용에 맞게 주제문을 작성하도록 한다. 일반적으로 논설문은 문단마다 주제문이 있으며 대개 문단의 첫 머리에 위치한다. 문단의 주제문은 전체 글의 주요 관점을 설명해 주는 중요한 문장이다. 주제문 이외의 문장들은 문단의 요지를 설명해 주는 문장들이다. 그에 대한 예를 들어 보겠다.

다음 문단의 주제문을 작성하세요.

______________________。打网球，我不会；踢足球、打排球，我也不成。既跑不快，又跳不远，跳不高。这些运动，我都学过。可是不成。因此，我对于运动，有狐狸对于葡萄同样的感想。当然，在小时候，"游泳"是我连做梦也不敢想的事。

교사는 질문을 통해 학생으로 하여금 주제문을 이끌어 내게 할 수 있다.

교사: 这一段文字都跟什么有关系呢?
학생: 运动。
교사: 这段文字说的是"我"什么时候的事情?
학생: 是"我"小时候的事情。
교사: 那时"我"会不会运动呢?
학생: 不会。
교사: 有没有一种运动是我会的呢?
학생: 没有。
교사: 那么，这一段主要说的是什么呢?
학생: 我小时候，什么运动也不会。

4) 주제문에 맞게 쓰기

하나의 주제문을 제시하고 학생으로 하여금 주제문을 설명할 수 있는 몇 개의 문장들을 이용해 하나의 문단을 구성하게 한다. 주제를 설명하는 방법이 다르기 때문에 서로 다른 문단 유형이 나올 수 있다. 문단 구성에는 일반적으로 나열, 예시, 비교, 대조, 정의, 분류, 시공간, 묘사, 과정, 인과, 요약 등의 방법이 운용되며 학생들의 실제 수준과 요구 사항에 따라 선택하여 연습할 수 있다.

(1) 나열을 통해 주제문 파악하기

일련의 사례들을 나열함으로써 주제문의 명제(命題)를 설명한다. 그 구체적 방법은 다음과 같다.

① 교사가 우선 모범 문단을 제시하고 학생들과 함께 분석한다.
② 하나의 주제문을 제시한다.
③ 몇 가지 사례들을 나열하게 한 후 함께 토론한다.
④ 토론 결과를 바탕으로 하나의 문단을 작성하게 한다.

교사 : 我们要写的段落的主题句是："英国人和美国人不但说同一
　　　种语言，而且社会习俗也大体相同。"请大家举一些例子。
학생 : 美国人和英国人第一次见面时都要互相握手。
학생 : 大多数英国男人都要给女人开门，给女人让座。
학생 : 遵守时间在英国和美国都重要。比如，请客人吃饭在七
　　　点，客人应该在七点五分到。
학생 : 他们都尊敬女人，比如女客人离开时，男主人帮助她们穿
　　　外衣。
학생 : 客人要是不能按时到就要事先打电话说明理由。

학생 : 第一次见面要说 How do you do.　第一次见面分别时要说
　　　Nice to meet you 一类的话。

이런 방식으로 사례들이 충분히 모아지면 교사는 학생들과 함께 분류할 수 있다. 가령, 위의 경우는 첫 만남, 여성 존중, 시간 엄수 세 가지로 분류할 수 있다. 학생들이 문단의 맥락을 명확하게 파악하면 토론한 내용을 바탕으로 글을 작문하도록 지도한다. 위의 예문에 대해 다음과 같은 문단이 완성될 수 있다.

英国人和美国人不但说同一种语言，而且社会习俗也大体相同。比如他们初次见面的礼节相同：第一次见 面时都要互相握手，说 “How do you do”，分别时说 “Nice to meet you” 一类的话。他们都尊重妇女，比如大多数英国男人都要给女人开门，给女人让座；在作客时，女客人离开时，男主人帮助她们穿外衣。遵守时间在英国和美国都很重要。比如，请客人吃饭在七点，客人应该准时到达，要是不能按时到就要事先打电话说明理由。

(2) 대조를 통해 주제문 파악하기

대조는 두 사물을 비교한 후에 그 다른 점을 강조하는 방법이다. 위에서 소개한 질문 방식을 통해서나 혹은 교사가 제시한 문단의 주제와 비교할 대상을 통해 연습할 수 있다. 각자 자신에게 익숙한 것을 선택해 작성하게 한다. 다음은 후자의 방법을 소개한 경우이다.

1. 교사는 문단의 주제문을 제시한다.

中国的东部和＿＿有很多不同的地方。

2. 교사나 학생은 칠판 한 쪽에 대조할 내용을 판서하고 다른 한 쪽은
   비워 둔다.

中国的东部	中国的西部
1. 地理环境：地势较低，多平原，沿海。	1.
2. 人口：人口密度大，地少人多。	2.
3. 饮食习惯：喜欢吃鱼和蔬菜。	3.
4. 气候：湿润多雨。	4.

3. 학생들로 하여금 다른 점에 대해 토론하게 한다.
4. 토론 결과를 바탕으로 작문하게 한다. 먼저 하나의 사물을 작성하
   고 다시 또 하나의 사물을 작성하면서 결론에 이른다. 그리고 여러
   측면으로 비교해 가면서 마지막에 결론을 도출하게 한다.

4. 통제 작문

이 단계부터 주어진 상황과 조건, 내용을 바탕으로 한 편의 글을 작문
할 수 있는 능력을 키워준다.

1) 요약하기

요약하기에는 두 가지 연습 방법이 있다. 우선 모범 글을 읽고 교사는

학생과 함께 내용을 분석해 가면서 매 문단의 주제문과 문장 간의 상관관계를 찾아내어 요약문을 나열한다. 또 하나는 학생들이 작문을 하기 전에 각자 써야 할 내용을 분석하고 글의 요약문을 나열하도록 지도하며 적당한 글의 구조를 제시해 준다. 이러한 요약 연습은 학생들의 쓰기 능력을 향상시키는 데 반드시 필요하며 모든 연습 단계에서 중시되어야 한다.

2) 그림책, 영화, 슬라이드 등의 영상 교재

서술문을 작성할 때 많이 사용되는 방법으로 학생들에게 충분히 상상할 수 있는 여지를 제공한다. 교재를 잘 선택한다면, 학생들에게 글쓰기에 재미를 느끼게 할 수 있는 방법이다. 예를 들어 영화 〈骆驼祥子〉를 보고 난 후에 이를 토대로 한 편의 글을 쓴다고 가정할 때 다음과 같은 순서를 따를 수 있다.

1. 영화 보기 (이때 줄거리가 명확하고 시공간 배경이 쉽게 이해되며 학생들에게 친숙한 내용을 다룬 영화를 선정해야 한다.)
2. 작문을 하도록 지도한다. 교사는 학생들이 글을 쓸 때 주의하도록 질문을 제시할 수 있다.

- 祥子大约多大年纪? 身体怎么样? 他生活的时代和地方? 他是干什么的?
- "骆驼"这个外号是怎么来的? 是什么意思?
- 简单讲讲他跟虎妞的结婚经过。虎妞是干什么的? 她对祥子怎么样? 祥子喜欢她吗? 虎妞的父亲刘四爷同意他们的婚事吗? 他们结婚后住在哪儿? 幸福吗? 结婚有了谁的钱?
- 祥子第二次买车和卖车的经过。虎妞是怎么死的? 祥子的身体怎么样? 情绪怎么样?

> • 你觉得祥子的命运怎么样? 你喜欢他吗? 为什么?
>
> 3. 질문을 한 후에 이해가 안되거나 읽어도 모르는 부분에 대해 학생들이 함께 토론 하게 하고 각자 영화를 본 소감을 이야기해 보도록 한다.
>
> 4. 위의 질문사항들을 정확히 파악한 후에 작문을 하게 한다.

3) 질문에 맞게 쓰기

교사는 학생이 쓰고자 하는 글과 그들의 실제 상황에 맞게 여러 개의 질문을 주고 학생으로 하여금 이들에 대한 답을 생각하면서 자연스럽게 글을 전개하도록 한다. 앞서 소개한 연습 방법에서 어느 정도는 이 방법을 통합해서 사용하기도 하지만 단독으로 이 방법만을 사용하지 않는다. 하지만 질문에 맞게 쓰기를 단독으로 사용해도 무방하다. 활용 방법은 교사가 작문 제목에 맞게 학생들에게 여러 개의 질문을 던져준다. 질문은 구체적이고 직관적이며 세밀해야 한다. 그리고 이러한 질문들을 참고해서 학생 스스로 한 편의 글을 작문하게 한다. 이 연습은 질문에 대한 답을 통해 이야기를 제대로 전개할 수 있다. 아무 생각 없이 흰 종이를 대할 때와는 느낌이 전혀 다르기 때문에 작문 능력이 부족한 학생일지라도 무언가를 써내려 갈 수 있을 것이다.

4) 상황 설정하기

교사가 제시한 상황에 맞게 작문을 하도록 한다. 이 방법은 모든 글쓰기 지도 과정에서 응용이 가능하며, 앞에서 소개한 지도 방법과 통합이 가능하다. 상황 설정하기는 학생의 상상력을 바탕으로 글을 써내려 갈수 있게 해준다. 예를 들어 편지 쓰기를 가르칠 때 교사는 몇 가지 상황을 설정해 주고 학생으로 하여금 그 상황들 중에서 하나를 선택해 작문하게 한다. 교사는 다음과 같이 상황을 설정해 줄 수 있다.

> 想给你中学的汉语老师写一封信。他教过你三年汉语。这是你上大学以后第一次给他写信。你现在刚旅游回来，你想告诉他你旅行中的情况。请你主要写出你印象最深的一件事，一种情况或一个人。

5) 확장하여 쓰기(扩写)

하나의 단문을 한 편의 긴 글로 최대한 확장해서 쓰는 연습이다. 단어나 어구를 적절히 첨가할 수는 있지만 원문의 주제와 장르가 바뀌어서는 안된다. 이러한 연습은 학생의 상상력과 논리적 사고력을 향상시킬 수 있고 실제로 문단 연습 단계에서 주제문을 서술하는 방법을 보다 더 발전시킨 것이다.

6) 이어 쓰기(续写)

글의 주제문인 첫 문장이나 혹은 두 세 문단을 주고 몇 개의 문단을 더하여 상황에 맞게 계속 써 내려가면서 한 편의 글을 완성시키는 연습이다. 이어 쓰기 역시 원문의 주제, 내용, 작문법에서 벗어나지 않는 범위 내에서 학생의 상상력과 논리적 사고를 바탕으로 추리하며 작문할 수 있도록 지도한다.

7) 요약하기(缩写)

긴 내용을 정해진 글자 수에 따라 압축해서 쓰는 것이다. 원문의 주제, 구조, 내용에서 벗어나지 않아야 하고 가능한 한 원문 속 문장을 사용하도록 한다. 요약하기 전에 원문부터 읽고 이해해야 한다. 서술문의 경우는 기본 줄거리를 찾아야 하고 논술문의 경우는 매 문단의 주제문을 찾아야 한다. 이러한 연습은 학생의 문장 이해력과 요약 능력을 향상시키는 데 효과적이다.

8) 고쳐 쓰기(改写)

한 편의 글을 읽고 교사의 지시에 따라 자기만의 언어로 다시 고쳐 쓰는 것을 말한다. 이때 글의 인칭, 관점뿐만 아니라 이야기의 전개 과정과 결말 등을 바꾸어도 무방하다.

9) 특정 내용 쓰기

교사가 정해준 내용을 토대로 글을 써 보게 한다. 이는 명제 작문과 유사한 것으로 학생들에게 작문의 제목이나 내용을 알려준다. 예를 들어 반 전체가 어떤 활동에 참여한 후 혹은 어떤 사건을 겪은 후 그 과정을 묘사하게 한다. 혹은 책이나 영화를 보고 난 후에 느낌을 글로 써보도록 지도한다. 이때 학생들이 친숙하고 흥미를 느낄 만한 내용을 소재로 다루어야 한다. 글을 쓰기 전에 교사는 학생들이 써야 할 내용, 쓰는 방법, 그리고 문단 구조 등을 정확히 분석하고 파악하도록 해야 하며 필요 시 모범 문장을 보여줄 수도 있다. 또한 여러 가지의 작문법을 제시하고 그 중 하나를 선택해 사용하게 할 수 있다. 그리고 기행문, 체험담, 고향, 첫 담임, 지인 등을 글쓰기의 주제로 선정해도 좋을 것이다.

5. 쓰기 지도 방안

1) 상용 쓰기 지도 순서

앞에서 교수 방법들을 소개하면서 그 학습 순서를 소개해왔다. 여기서는 순서이기 보다는 일종의 정리로 보아야 할 것이다.

- 학습 내용 소개
- 모범 글 읽기
- 모범 글의 형식, 요소, 구조 등 분석, 필요 시 연습 가능
- 작문의 제목, 내용, 범위 등의 제한 및 명확한 요구 제시
- 작문 내용을 학생과 함께 토론 및 분석, 요약문 나열
- 작문하기
- 작문 교정 및 평가(다음에 나오는 작문 교정 방법 참조)

2) 질문 정하기(命題)

여기서의 질문 정하기는 학생들에게 작문 형식과 그 내용의 과정을 정해준다는 것이지 단순히 제목만 주는 것을 의미하지 않는다. 앞에서 소개한 여러 가지의 연습 방법들도 질문 정하기에 대해 다룬 적이 있다. 쓰기 수업에 있어서의 질문 정하기는 구체적인 상황과 조건을 제시함으로써 학생들로 하여금 글의 내용과 요지를 정확히 파악할 수 있도록 한다. 쓰기 연습의 목적이 포함된 질문 정하기의 진행 순서는 모범 문장을 읽고 분석하고 내용을 통제한다. 또한 작문할 내용을 토론하고 분석하며 요약문을 나열하는 것이다.

질문 정하기는 첫째, 구체적이어야 한다. 예를 들어 작문의 형식이나 상황을 주고 필요 시 영상 자료를 제공하여 질문 등의 방식을 통해 학생 스스로 무엇을 전개해 가야 하는지를 터득하게 한다. 둘째, 흥미로워야

한다. 참신한 내용을 공부하고 학생이 재미와 호기심을 느끼는 주제를 가지고 글을 써 봄으로써 자신의 생각을 표현할 수 있도록 지도한다.

3) 작문 교정

작문 교정은 글쓰기 능력을 향상시키는 데 매우 중요한 역할을 한다. 중국에는 "좋은 글은 교정에서 나온다(文章是改出来的)"라는 말이 있다. 이 말의 의미를 두 가지로 해석할 수 있다. 첫째, 좋은 글이란 여러 번의 수정을 통해 완성된다. 둘째, 한 사람의 글쓰기 능력은 끊임없이 자신의 글을 수정해 감으로써 자연스럽게 향상된다. 다시 말해 작문 교실 수업에서는 학생이 스스로 하는 글쓰기 수정을 자신의 글쓰기 능력을 향상시키기 위한 방법으로 여겨야 한다는 것이다.

(1) 학생 교정하기

학생으로 하여금 직접 작문을 교정하게 하는 것은 쓰기 지도 수업에서 지나쳐서는 안될 중요한 과정이다. 가능한 한 학생이 스스로 교정할 수 있도록 이끌어 준다. 교사는 옆에서 길잡이 역할만 해야지 학생을 대신하여 교정을 해주거나 '잘했음', '참 잘했음'과 같은 평가를 하는 것도 바람직하지 않다. 여기서는 학생 스스로 여러 번의 교정을 통해 좋은 글을 완성할 수 있게 하는 것이 중요하다.

(2) 교사가 교정하기

교사는 학생이 작문을 좀 더 잘할 수 있도록 도와주어야 한다. 몇 개의 부호를 만들어 학생이 틀린 부분에 표시해 주고 학생 스스로 잘못된 부분을 파악하여 자신의 힘으로 고치게 해야 한다. 부호는 다음과 같을 수 있다.

단어와 구절에 밑줄 긋기	틀린 부분 표시
YF	문법 부적절
BD	문장 부호 사용 부적절
LJ	접속사 사용 부적절
DL	문단 구분 부적절
GS	표현 형식 부적절

(3) 첨삭의 중요성

교사의 첨삭과 학생 스스로의 교정은 학생의 중국어 서면어의 표현 능력을 향상시키는 데 목적이 있다. 여기서의 표현 능력은 한자 쓰기의 정확성, 어휘 사용의 정확성, 문법 사용의 명확성을 포함한다. 이는 또한 정독 수업에서의 지도 목적이기도 하다. 그러나 작문 교실 수업에서 서면어의 표현 능력을 더욱 중시하는데, 특히 각종 문체의 문장구조, 문단 구조, 연결 방식, 특정 용어, 문장부호 사용 등을 제대로 파악하고 향상시킬 수 있도록 지도한다.

요약 정리

쓰기 지도의 목적은 글로써 자신의 의사를 정확하고 분명하게 표현할 수 있게 하는 것이다. 이를 위하여 기초 단계에서는 언어의 정확성에 더욱 초점이 맞추어져야 하고 점차적으로 상황적으로 적절하게 자신의 의사를 전달할 수 있는 논리적 사고를 통한 글쓰기 연습에 비중을 두어야 할 것이다. 중국어 작문을 잘하기 위해서는 중국어로 사고하는 습관이 필요하다.

언어의 네 가지 기능 중에서 가장 소홀하게 다루어지는 부분이 쓰기이다. 그 이유는 거의 대부분의 쓰기 연습은 기계적인 베껴 쓰기나 단순 중작에 그쳤을 뿐 진정한 의미의 작문은 없었기 때문이다. 그러나 자신의 의사를 정확하고 나아가 적절히 글로써 전달하기 위해서라는 쓰기 지도의 목표를 달성하기 위해 학습의 기초 단계부터 미미하더라도 자유 작문 연습은 필요하고 다른 기능과도 통합적으로 사용하도록 다양한 지도 방법을 적용해야 한다.

쓰기 연습의 종류는 기초 쓰기 연습, 기초 실용문 쓰기 연습, 문단 쓰기 연습, 통제 작문, 쓰기 지도 방안 등으로 구분하기도 한다. 이들 각각에 속하는 교실 활동들을 적절히 사용하여 지도해야 한다. 특히 작문의 주제를 흥미 있고 구체적이며 다양하게 학생 수준에 맞게 선정하는 것이 중요하다. 오류 수정에 있어서 학생 스스로의 교정은 중국어 서면어의 표현 능력을 향상시키는 데 있지만 무엇보다 누구나 틀릴 수 있다는 오류에 대한 학생의 긍정적 태도가 필요하다.

이 책은 300여 가지의 중국어 지도 방법을 수록하고 있지만 가능하면 참고 문헌에 제시되어 있는 전문 서적과 연구 논문을 통해서 중국어 교육의 각 분야에 대해 보다 폭넓게 공부할 것을 권장합니다.

▶ 교수법

강승혜. 〈외국어 교수법 이론의 비판적 검토〉. 《연세교육연구》 12(1), 1999.

김경섭. 《밥 파이크의 창의적 교수법》. 김영사, 2004.

박남기. 《최고의 교수법》. 생각의 나무, 2010.

박동호. 〈외국어 교수법과 외국어 교육〉. 《비교문화연구》 6, 2003.

엄익상. 〈한국과 미국 대학의 외국어 교육 방법 비교〉. 《어학연구》(강원대) 4, 1997.

이완기. 《초등영어 교육론》. 서울: 문진미디어, 2000.

한재영 외. 《한국어교수법》. 서울: 문화관광부 한국어 세계화 재단, 2002.

Brown, Douglas. 《원리에 의한 교수》(권오량·김영숙·한문섭 공역). 서울: Pearson
        Education Korea, 2001.

Krashen, Stephen. 《외국어 교육 이론과 실제―학습인가, 습득인가?》(김윤경 역).
        서울: 한국문화사, 2000.

Paul J Davies 외 1인. 《성공적인 영어교사를 위한 12가지 수업 방법》(송해성·강
        문구 옮김). 꿈이있는세상, 2007.

世界汉语教学编辑部等编. 《语言学习理论研究》. 北京: 北京语言大学出版
        社, 1994.

▶ 중국어 교육 전반

박덕준. 〈중국어 어휘력의 신장을 위한 교수법〉.《중국언어연구》15, 2002.

박덕준. 〈교육대학원 비전공학생에 대한 중국어 및 중국어 교수법 교육〉.《중국언어 연구》25, 2007.

박용진 등 (공역).《현대중국어 교육어법 연구》. 서울: 학고방, 2005.

신승희. 〈교육대학원의 중국어교육 연구현황과 과제〉.《중국언어연구》19, 2004.

엄익상. 〈정확한 중국어 발음과 효과적인 지도 방안〉.《중국언어연구》20, 2005.

엄익상 등.《중국어 교육론》. 한국문화사, 2011.

이근효. 〈우리나라의 중국어 교수법에 나타난 문제점과 해결 방안에 관한 연구〉.《인문학논총》7, 2003.

周小兵 等共编.《중국어 교육 입문》. (유재원 외 역). 한국외국어대학교 출판부, 2011.

중국어교육연구회.《중국어 교육의 이론과 실제》. 차이나하우스, 2011.

최영애.《중국어란 무엇인가》. 서울: 통나무, 1998.

한국중국언어학회.《중국어 어순 연구》. 서울: 송산출판사, 1998.

北京大学 中文系.《现代汉语专题教程》. 北京: 北京大学出版社, 2003.

崔永华.《词汇文字研究与对外汉语教学》. 北京: 北京语言大学出版社, 1998.

刘珣.《对外汉语教育学引论》. 北京: 北京语言大学出版社, 2001.

刘珣.《汉语作为第二语言教学简论》. 北京: 北京语言大学出版社, 2002.

全广镇.《汉藏语同源词综探》. 台北: 学生书局, 1996.

杨寄洲·崔永华.《对外汉语课堂教学技巧》. 北京: 北京语言大学出版社, 1997.

张斌.《现代汉语》. 上海: 复旦大学出版社, 2002.

周健.《汉语课堂教学技巧与游戏》. 北京语言文化大学出版社, 1998.

▶ 중국어 교실 활동, 교재 · 교구

고대민족문화연구소.《중한사전》. 고대민족문화연구소, 1995.

김경국.〈멀티미디어를 활용한 중국어 교수법 연구〉.《중국어문학논집》28, 2004.

김은주.〈노래를 활용한 중국어 교육 방안 연구〉. 이화여대교육대학원 석사학위
　　　논문, 2003.

김정은.〈인터넷을 활용한 중국어 교육에 관한 고찰〉.《중국어교육과 연구》10, 2009.

김현철.〈『다락원 중한사전』 편찬의 현황과 전망〉.《한국사전학》15, 2006.

김현철.〈중국어 교재의 출판 현황 및 교육 이론 분석〉.《중국어문학논집》64, 2010.

박정원.〈스마트 디바이스 기반 중국어문 교육 어플리케이션 유형분류와 활용방
　　　안 연구〉.《중국어문학지》36, 2011.

변수경.〈중국어 교육에서의 영화 활용 방안 연구〉.《이화교육논총》13, 2003.

이옥주.〈멀티미디어와 중국어교육—교실 수업에서 활용되는 멀티미디어의 학습
　　　효과에 대한 학습자의 인식 연구〉.《중국어문학지》25, 2007.

이재돈 등.《고등학교 중국어 1, 2 교사용 지도서》. 서울: 진명출판사, 2001.

임대근.〈영상콘텐츠를 활용한 중국어 교육 시론〉.《중국문화연구》17, 2010.

최재영.〈국내 문화중국어 교재 연구〉.《중국어교육과 연구》12, 2010.

한무희 · 윤영근.《중국어 I 교사용 지도서》. 서울: 부민문화사, 2001.

季森岭.《普通话语音训练教程》. 北京: 北京大学出版社, 2002.

宋乐永.《初级汉语读写教程》. 北京: 北京语言大学出版社, 2000.

中国社会科学院语言研究所词典编辑室编.《现代汉语词典》. 商务印书馆,
　　　1999.

▶ 중국어 평가 · 테스트

김종서 외 3인.《교육과정과 교육평가》. 서울: 교육과학사, 1992.

김혜정.《중국어 학습 과정에서 나타나는 오류 분석》. 숙명여대교육대학원 석사
　　　　학위논문, 1997.

손민정.〈2007년 개정 일반계 고등학교 중국어 교육과정의 내용 및 특성 고찰〉.
　　　　《중국문학》 53, 2007.

최규발.〈중등학교 중국어과 임용시험 개선안에 대한 설문 조사 분석〉.《중국언어
　　　　연구》 30, 2009.

최영호.《중국어 교과 수행평가 모형 개발》. 중국어 교사 · 교수 가톨릭대모임, 1998.

赵金铭.〈论对外汉语教材评估〉.《语言教学与研究》 3, 1998.

▶ 중국 문화

김선자.《중국소수민족 신화기행》. 안티쿠스, 2009.

맹주억 등.《고등학교 중국문화》. 서울: 교육인적자원부, 2005.

맹주억.〈중국어 교육 중 문화교육의 원칙에 대하여〉.《중국언어연구》 34, 2011.

박종한.〈중국문화 교수 방법에 대한 연구〉.《중국언어연구》 14, 2002.

송지현.〈문화콘텐츠를 이용한 중국어 교육방안 小考〉.《중국어문학논집》 30, 2005.

조미연.〈중국어 교육에서의 문화 활용 방안에 관한 고찰〉.《중국어문논역총간》
　　　　21, 2007.

최은희.〈문화 간 의사소통능력 향상을 위한 중국어 문화교육의 내용 선정 및 수
　　　　업 지도 방안 고찰〉.《중국어교육과 연구》 14, 2011.

邓炎昌 · 刘润清.《语言与文化》. 北京: 外语教学与研究出版社, 1989.

ㅅ

편저 **이혜임**

중국칭화대학교 고급진수과정 수학
북경어언대학교 중국어문화학과 우수졸업
한국외국어대학교 중어중문학과 문학석사
고려대학교 중어중문학과 박사수료

현) 중국어교육연구소 소장
현) 서강대학교 국제문화교육원 책임교수
현) 남서울대학교 외국어교육원 책임교수
고려대학교 중국어교육지도자과정 지도교수
2010 고려대학교 BK21 연구
2009, 2010 서울시 인문학 연구

주요 저서 및 논문
《현 위의 인생 : 스톄셩중단편소설선》(역서, 북코리아, 2012)
〈史鐵生 小說 硏究〉(2009)
〈沈從文 산문의 미적 가치와 그 현대적 의미〉(2010) 외 다수